U0939732

儿童教育心理学

[奥地利] 阿德勒 著 王童童 译

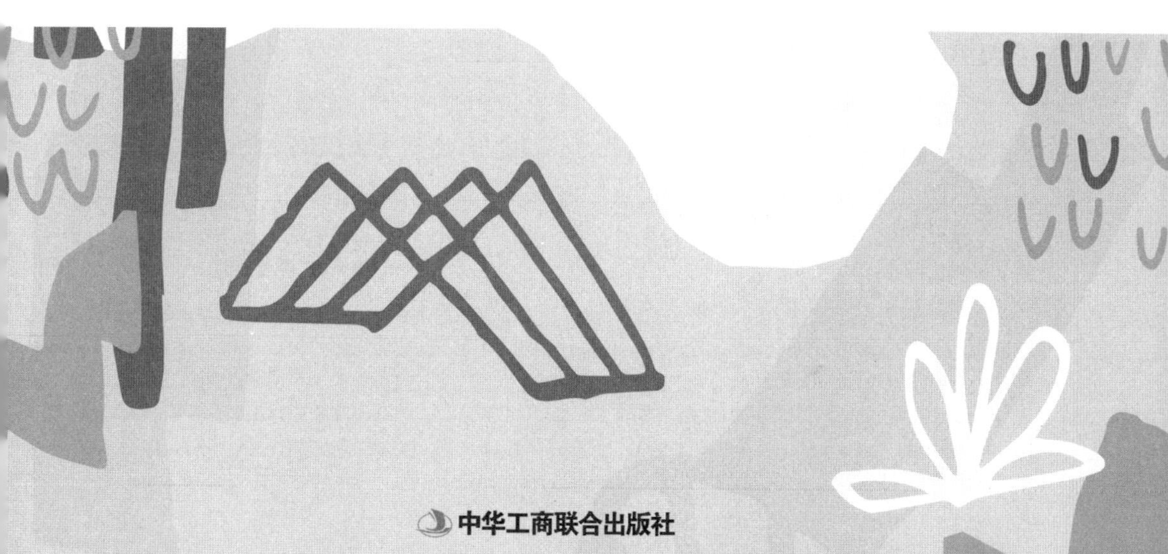

中华工商联合出版社

图书在版编目（CIP）数据

儿童教育心理学 / （奥地利）阿德勒著 ； 王童童译
. -- 北京 ： 中华工商联合出版社， 2017.9
ISBN 978-7-5158-2089-7

Ⅰ. ①儿… Ⅱ. ①阿… ②王… Ⅲ. ①儿童心理学—教育心理学 Ⅳ. ①G44

中国版本图书馆CIP数据核字(2017)第208772号

儿童教育心理学

作　　者：［奥地利］阿德勒
译　　者：王童童
策划编辑：胡小英
责任编辑：李　健　邵桃炜
装帧设计：胡椒书衣
责任审读：李　征
责任印制：迈致红
出版发行：中华工商联合出版社有限责任公司
印　　刷：北京天宇万达印刷有限公司
版　　次：2017年11月第1版
印　　次：2017年11月第1次印刷
开　　本：710×1000mm　1/16
字　　数：158千字
印　　张：13.5
书　　号：ISBN 978-7-5158-2089-7
定　　价：38.00元

服务热线：010-58301130
销售热线：010-58302813
地址邮编：北京市西城区西环广场A座
19－20层，100044
http://www.chgslcbs.cn
E-mail：cicap1202@sina.com（营销中心）
E-mail：gslzbs@sina.com（总编室）

译者序

本书的著者阿德勒，全名阿尔弗雷德·阿德勒（Alfred Adler，1870－1937），是奥地利著名的心理学家、精神分析学家、社会教育家，还是个体心理学的先驱。

1870年2月7日，阿德勒出生于奥地利维也纳郊区的一个富裕家庭，但是他的童年生活并不快乐，因为他天生体弱多病，直到4岁才会走路。1907年，阿德勒发表了由缺陷引起的自卑感及其补偿的论文，使其名声大噪。1912年，阿德勒在其《神经病的形成》一书中提出他的新心理学理论。新心理学理论包含了他的大多数主要概念。1920年，他在维也纳创办了第一所儿童指导诊所。在心理病理学的个案里，阿德勒多次访问美国，为大量的听众讲课。1932年，他成为日本长岛医学院的心理学教授。1934年他定居纽约。1937年5月28日，阿德勒因心脏病逝世于苏格兰的阿伯丁。

阿德勒开创的“个体心理学”理论，对后来西方心理学的发展具有重要意义。他所提出的“自卑情结”“补偿机制”等概念，深深渗透到现代中西方文化和大众的科学常识之中。

阿德勒认为，人的生理缺陷带来人的自卑感，如果人对自卑感无法找到满意的补偿，那么，人就会有精神疾病，即心理、情感的功能性紊乱和失调。另外，阿德勒强调个人必须与社会构成联系。个人只是社会的一分子，一个人对待社会中他人的态度，以及与他人的合作能力，直接影响着他的心理健康。

阿德勒还指出，由于人格结构形成于儿童期，所以，要想找出人格心理问题的症结，只能从人的童年时期入手。并且帮助儿童形成健康的人格就变成了头等重要的事情，这也就是“教育”一词在阿德勒心目中的含义。

阿德勒的这本《儿童教育心理学》主要围绕如何帮助儿童形成一个正确、健康的人格这一核心问题来展开。他强调要用正确的方法培养儿童独立、自信、勇敢的品质，以及与他人合作的意识和能力。总的来说，培养孩子健全的人格，才是儿童教育的首要任务。

儿童在成长的过程中不可避免地会出现各种问题，比如，孩子害羞、孤僻、口吃、尿床、打架、说谎，甚至不爱学习等。关于这些问题的心理诱因以及解决方案，阿德勒的这本书中也有详细的介绍和分析。阿德勒告诉我们，儿童的这些行为表现出来的各种问题，只是表象，家长暴力地制止和打骂，只能让问题更严重。

本书基于个体心理学这个理论依据，对儿童人格构成做了全面、透彻的分析，对为人父母者、教师及所有关心或从事儿童教育工作的人，都有着非凡的意义。此外，本书还介绍了人的天性、遗传等因素对一个人儿童时期的影响。因此，从这个角度来说，本书还是一部探讨人性、人的心理、人与社会关系的心理学佳作。

目录

第一章　导论

了解儿童　// 002

社会情感需求　// 006

第二章　人格的统一性

儿童人格统一性的发展　// 014

行为模式逻辑　// 019

第三章　追求优越及其对教育的重要意义

自卑与超越　// 024

保持平衡　// 030

学校的教育　// 034

第四章　正确引导孩子追求优越感
有益的标准　// 040
获取特权的小手段　// 042
过度纠正和治疗的恶果　// 044
当劣势成为一种防御机制　// 047

第五章　儿童的自卑情结
自卑情结中的恶性循环　// 050
消极语言会剥夺孩子的希望　// 053
自卑的表现　// 057

第六章　防止儿童出现自卑情结
儿童对外在环境的评价　// 062
忽视与宠溺　// 065
社交中角色扮演　// 067

第七章　社会情感和儿童成长的障碍：儿童在家庭中的地位
儿童对社会情感的心理诉求　// 074
社会情感直接影响逻辑和语言能力　// 077

家庭环境影响孩子性格和成就 // 080
家中第一个孩子的共性 // 082

第八章 孩子在家庭中的位置：儿童的心理处境及其矫正
儿童的自动定位 // 086
儿童行为和内心的背离 // 088
理想化的思维方式 // 091

第九章 作为儿童准备性测试的新环境
儿童的对抗行为 // 094
孩子微行为中的信号 // 097
对新环境的不适 // 099
性别不平等带来的伤害 // 102

第十章 孩子在学校的表现
帮助孩子做好入学准备 // 108
智力测试的功能 // 111
适当程度的竞争 // 113
遗传与成绩单 // 115

学生留级和跳级的问题 // 118
关注儿童心理 // 120

第十一章 外在环境对儿童成长的影响
环境对儿童心理的影响 // 126
训练儿童的合作能力 // 130
家庭成员的不良行为 // 132
来自亲戚的误伤 // 134
如何给孩子挑选读物 // 137

第十二章 青春期和性教育
青春期——至关重要的时期 // 140
青春期画像 // 143
掌握正确的性教育 // 148

第十三章 教育者的主要任务
了解孩子的压力 // 152
帮助孩子重建人格系统 // 155

第十四章　对父母的教育

善意的合作　// 160

正面管教　// 163

附录1　个体心理问卷　// 166

附录2　五个孩子的个案及其评论　// 172

一个人的性格在十岁左右，就会靠自己的思想、行为而定型，而且会这样使用一辈子。

——阿德勒

第一章　导论

每个人都是一幅画作，又是这幅画的作者。人类虽然共同生活在同一个世界中，每个人却在用迥然不同的方式来塑造自己，根据他对事物的看法来调节自己，尽管他的看法并不全部正确。因此，我们要全面观察个体在成长过程中可能出现的心理问题和障碍，特别是个体在儿童时期形成的认知偏差，因为这种偏颇的认知会影响他以后的人生。

了解儿童

从心理学的角度来看，教育问题对于成人来说，其实就是自我认识和自我指导的一个过程。教育问题于儿童来说也是一样，但这两者之间还是存在着一定的差异：由于儿童正处于发育阶段，自我认知和自我指导能力非常薄弱，外界的引导就显得尤为重要。如果我们拥有两万年的时间可以用来发展文明，且环境又许可的话，我们完全可以放任儿童按照自己的意愿成长，他们最终也能达到现在的文明水平。但遗憾的是，时间并没有这么充裕。因此，成人必须对儿童进行教育，关注并引导他们的成长。

然而，这里最大的困难莫过于对儿童的无知。因为要成年人正确地了解自己的爱憎悲喜已属不易，更何况是了解儿童，要在掌握丰富知识的基础上去指导和引导他们就更是难上加难了。

个体心理学是专门研究儿童心理的重要科学，这不仅因为这个领域本身的重要性，同时还因为我们能够通过了解孩子借以认识成年人的性格特征和行为方式。个体心理学不同于其他心理学，它不允许理论和实践脱节。个体心理学集中研究人格的统一性，并将自己的科学目光投向整体人格对其发展和可能表现的充满活力的追求。从这一观点出发，个体心理学的科学知识本身就是实际生活的指南，因为知识的意义也就是懂得是非曲直。无论是心理学家、父母、朋友还是个体本身，如果能掌握个体心理学方面的知识，就能懂得如何运用这些知识来指导人格的发展。

个体心理学所采用的这种研究方法，使它的学术形成了一个有机的整体。根据个体心理学的理论——个体的行为是由个体的统一人格诱发和指引的，由此可知，个体的行为反映了个体的心理活动。

关于人的发展的一个根本事实就是：人的心理总是充满着有活力的、有目的的追求。人自出生那一刻起，就在不断地追求发展，追求完美，这种追求是无意识形成的，但却无时不在。这种有目的的追求主宰了人一生的具体行为，它甚至主宰着我们的思想，因为我们的思维并非是客观的，而是与我们的生活目标和生活方式相一致的。

人格的统一性隐藏在每个人的一生当中。每一个个体都代表了人格的整体性和统一性，同时每个个体又是其人格的统一体所塑造的。所以，每个人都是一幅画作，又是这幅画的作者。但是，他却不能称为一个画技精湛的画家，也不会对自己的肉体和灵魂产生完整的认知。

在考察人格的建构时，需要特别注意的是：人格的统一性，并不是建立在客观现实的基础上发展的，而是建立在个体对客观事实的主观看法的基础上，它有其独特的方式和目标。也就是说，人对客观事实的看法和观点并不等同于这个事实本身。因此，人类虽然生活在同一个世界中，但却在以不同的方式塑造自己。每个人都根据他对事物的看法来调节自己，但他的看法有些是正确的，也有些是错误的。因此，我们要全面观察个体在成长过程中可能出现的心理问题和障碍，特别是个体在儿童时期形成的认知偏差，因为这种偏颇的认知会影响他后来的人生轨迹。

有一个52岁的女人，她总是没完没了地贬损比她年长的女性。回想起自己的童年，她有一个姐姐是万众瞩目的焦点，而她却时常被人遗忘在角落，她由此生出一种屈辱感。如果运用个体心理学的“纵向”观察方法来探讨这一案例，那么，就可以发现这个女人从童年到生命的后期阶段都存在着同样的心理机制和心理动力：她总是担心别人会轻视她；当她注意到别人比自己更招人喜爱时，就会心生怨恨。因此，尽管我们对这个女人的生活或人格的自我统一体一无所知，我们依然可以根据所知的事实来对她有所了解。在这方面，心理学家如同一个小说作者，运用一条确定的行为主线、一种生活风格或一种行为模式来建构人物的生活，以确保人物整体人格的完整性。一个优秀的心理学家甚至能够预测到在特定情境下这个女人的行为，并能够清晰地描绘出她一生中所经历的附带的人格特征。

个体的追求或寻找目标的活动的前提是另一个重要的心理学事实：人的自卑感。所有儿童都会有一种与生俱来的自卑感，它会激发儿童的想象力并试图通过改善自己的环境来消除自卑感。个人处境的改善会减弱自卑感。心理学上把这一现象称为心理补偿。

自卑感及其心理补偿机制为人们犯错误打开了方便之门。自卑感可能在客观上有助于个体的完善，但它也可能导致单纯的心理调适，从而扩大个体和客观现实之间的距离。自卑感问题的严重程度促成了补偿性心理特征的形成，但这也只能满足人的心理需求，不能矫正行为上的误差。

如此，我们可以把那些明显表现出补偿性的性格特征的儿童分为三类：生来就带有衰弱体质或有器官缺陷的儿童；从小受到严厉教育或没有感受过父母疼爱的儿童；从小在溺爱的环境中成长的儿童。

这三种类型的儿童很清楚地表现出他们具有补偿性的心理特征。凭借对第一类儿童的考察，我们发现，尽管不是每个儿童都是生而残疾的，但令人诧异的是，很多孩子都表现出不同程度的由身体或器官缺陷所引发的心理特征。我们可以以第一类儿童为原型仔细研究其心理特征。对于另外两类儿童——受严厉管教和过分宠爱的儿童，在实践上，几乎所有的儿童都在不同程度上属于其中一类，甚至两者兼而有之。

以上三种类型的儿童都会产生欠缺感和自卑感，这种处境的儿童都会被激发出超越其自身潜力的野心。自卑感和追求优越感是基于同一个基本事实的两面，两者相辅相成。在病理学上，对于个体而言我们很难判断过度的自卑感和优越感的强烈追求，这两者到底哪一个的杀伤力更大。两者通常按照一定的节律消长进退。过度的自卑感会刺激儿童膨胀的野心，这种野心早已超出了他身体所能承受的预期，以至于不会促成任何有益的活动，相反，它会毒害儿童的心灵使其永不安分。这种野心又和儿童的性格怪僻相互纠缠，儿童也因此受到无休止的刺激，使他的内心变得更加敏感，时时提防着遭受别人的伤害或轻视。

这种人虽然在生理上长大成人，但其才智能力仍在长眠之中。他们变成我们说的“神经兮兮”或性格怪僻的人。发展到极端状态，他们会成为不负责任、自私自利的人，更有甚者会走上犯罪的道路。他们绝对是道德上和心理上的自我主义者。他们中的一些人逃避现实和客观事实，为自己构筑了一个全新的世界，他们做着白日梦，沉溺于幻想之中，仿佛那就是现实世界。他们也因此得到了内心的安宁，但实际上，他们只是虚构出另一种现实，借此达到心灵与现实的和解。

社会情感需求

判断儿童是否成长的一个有效标准，就是儿童所表现出来的社会情感。这一标准应该得到心理学家和为人父母者的注意。因为社会情感是儿童发展的晴雨表，社会情感的强弱是儿童能否获得正常成长的关键性因素。社会情感的任何障碍都会危害儿童的心理发展。

个体心理学就是围绕社会情感的根本原则来发展相应的教育方法的。儿童的父母和教育者不应该让孩子只和一个人建立紧密联系，若是这样，孩子势必不能为将来的生活做好充足的准备。

了解儿童的社会情感发展程度的一个好方法，就是仔细观察他入学时的表现。初入校园新环境，将成为对儿童最早最严峻的考验。在这里，儿童如何面对新环境和新环境的人都将成为一种挑战，他们的表现能第一时间说明他们是否已经为步入一个新环境做好了准备。

人们普遍缺乏为儿童进入学校这一新环境做准备的知识，这也解释了为什么许多成年人在回想他们的学校生活时，总觉得那是一场噩梦。其实如果教育得当，学校自然也能够弥补儿童早期教育的欠缺。理想的学校完全可以充当现实世界与家庭之间的媒介；学校不仅仅是一个传授书本知识的地方，它更应该是传授生活的学问与生活的艺术的场所。但在等待可以弥补家庭教育缺陷的理想学校出现的同时，我们首先应该将焦点聚集在父母家庭教育的弊端上。

正是因为学校还没有达到理想的程度，对于家庭教育的弊端，学校会使这些问题日益显露出来。如果父母没有告知过儿童他们应该怎样和别人相处，那么，孩子在入学时就会感到孤立无援。他们也因此被视为孤僻的怪孩子，这种歧视反过来又会强化孩子初始的孤僻倾向。他们的成长往往由此受到压抑，并发展成为问题儿童。人们常把问题的出现归咎于学校，其实，学校只不过引发了家庭教育的潜在问题而已。

问题儿童能否在学校取得进步，个体心理学对此还没有定论。我们所能证明的是，如果儿童刚进入学校就遭遇失败，那就是一个危险的信号。这与其说是知识教育的失败，不如说是心理教育的失败。很多时候我们都能看出儿童逐渐地失去信心，取而代之的是气馁的情绪。他们回避有意义的行动和任务，拒绝脚踏实地地追逐成功，而是寻求自由自在之道和成功的捷径。他们抛弃了社会所认可的道路，而是选择某种优越感以补偿他的缺陷感的途径。对于这些丧失信心的儿童来说，最具吸引力的就是最快捷地满足心理上对成功的渴望。毕竟，甩开社会和道德的责任会给他们一种毫不费力的征服感，这比起走社会所认可的大道要轻松得多。然而选择捷径的人恰恰暴露了他们内心的怯懦，不管他在外在行为上表现得多么勇敢无畏。这种人只肯做十拿九稳的事情，再借着轻而易举的成功来炫耀自己的优越感。

正如我们所见过的那样，作奸犯科之人尽管行为上嚣张跋扈、无所畏惧，但是内心往往脆弱得不堪一击；同样的，那些外表上表现得勇敢无畏的儿童，内心通常是脆弱的，我们能够通过各种微小的迹象观察到他们暴露出来的虚弱感。例如，不少儿童在站立的时候不是挺直腰杆，而总是要依靠什么东西。传统的治疗方法往往治标不治本，人们会教育孩子说“站直了”，但事实上，问题并不在孩子是否依靠了某种可支撑的物体，重要的是他总是希望得到帮助和支持的心理。通过惩罚或奖励，我们可以很快地消除这类孩子这种软弱的表现，但他们强烈地渴求得到帮助的心理并没有得到满足。问题的根源依然存在！一个好的教师，能够读懂孩子的这些迹象，并以同情和理解去帮助孩子消除这种问题的根源。

通常情况下，我们可以从某个单一的迹象来推断出儿童所具有的心理素质和性格特点。如果一个孩子无法摆脱依赖某种东西的心理，那么我们可以知道，这个孩子肯定会有焦虑和依赖等负面情绪。把他的情况与我们熟知的案例作比较，我们就可以重建出这一类型的儿童的人格，而且能够轻松地确定这个儿童属于被娇宠过度的一类。

现在，我们来探讨一下从来没有得到过父母宠爱的孩子的性格特征。我们从那些作恶多端者的生平中可以发现这类儿童的性格特征，只不过这些特征在这些人身上表现到了极致。在这一类穷凶极恶的人中，他们大多都在童年时期遭受过恶劣的对待。他们也因此形成了冷酷、满怀嫉妒和充满恨意的性格。他们嫉妒别人的幸福，也见不得别人幸福。这种嫉妒心态不只存在于穷凶极恶的人当中，很多正常人也存在这种心理。他们觉得自己的孩子也没有比自己更幸福的权利。这类人不仅会对自己的孩子持这样的态度，即使作为别人的孩子的监护人也会持这样的态度。

他们的这种观念和看法并非出于恶意。他们的观点只反映了那些在成长时期受到恶劣对待和严厉教育的人的精神状态。这类人通常会以他们自以为正当的理由来为自己的行为辩护，例如“收起鞭子，害了孩子”。这些人试图拿出无数的证据和例子来证明自己的行为是有根据的，但还是无法证明他们是正确的。僵硬、独断的教育只会使孩子疏远他们的教育者，于教育意义和教育成果而言是毫无成效的。

通过对一系列相互区别又相互联系的不健康的症状的考察，并在经历了若干次实践之后，心理学家就可以建构出个体的人格系统。借助这个系统，人们就可以揭示个体隐蔽的心理过程。我们借助这一人格所考察到的每一方面，都能反映出这个人整个人格的某种特征，不过，只有当我们所考察的每一个点都显示出相同的特征时，我们才会感到满意。因此，个体心理学既是一门科学，也是一门艺术。在探讨个体心理时要注意的是，我们不能把理论框架和概念系统呆板、机械地生搬硬套在被研究者身上。我们工作研究的重点是个体，我们不可能从某一个人的某种表现中就得出深刻的结论，而是要尽可能地考虑支持论点的方方面面。只有成功地证实我们的假设，能够在一个人的行为的其他方面也能发现同样的气馁和顽固个性特征时，我们才可以确定地说，这个人的整体人格具有气馁和顽固的特征。

在这里，需要注意的是，我们的研究对象并不理解他自己的行为表现，所以，他无法隐藏真正的自我。我们想要了解他的人格特征，并不是通过他对自己的看法和想法，而是通过他在环境中的行动表现来分析他的人格特征。这并不意味着他故意向我们说谎，而是要我们认识到，一个人的有意识的思想和无意识的动机之间存在着巨大的距离。这种距离只有具备同情心，同时又保持客观的旁观者才能把上述两者联系起来。这个旁观者可以是心理学家、父母，或者是教师。他应该学会在客观事实的基础上来解释个体的人格，这种客观事实体现了即使个体本人在一定程度上也未曾意识到的、有目的的追求。

因此，每个人对待下面三个关于个人生活和社会生活的基本问题的态度，要比对其他任何问题的态度都更能表现出其真正的自我。

第一个问题涉及社会关系，这个问题在我们探讨对现实的客观看法和主观看法的矛盾时已经探讨过了。除此之外，社会关系的问题会具体表现为某一特定任务，即结交朋友和与人相处。如果一个人无所谓自己有没有朋友，有没有正常的社交关系，并以为可以用“无所谓”的态度来回避这一问题，那么，“无所谓”就是他对这个问题的回应。从这一无所谓的态度中，我们就可以得出关于他人格方向和结构的结论。另外还应注意的是，社会关系不局限于结交朋友和与人相处，还包括关于这些关系的抽象观念，诸如友谊、友爱、信任和忠诚等。对于社会关系问题的回答就显示出个体对所有这些抽象观念的认识。

第二个基本问题涉及个体如何度过他的一生，也就是说，他想在社会分工劳动之中发挥什么样的作用。如果说社会问题是由一个超越的自我的关系：由“你—我”的关系决定，那么，我们也同样可以认为，第二个问题是由“人—地球”的基本关系所决定的。如果我们把地球上的所有人压缩成一个人，那么，这个人将永远和地球关联着。他向地球希冀什么？这并不是个人或者单方面的问题，而是一个涉及人和世界的关系的问题。这种关系涉及各个方面，并不仅仅由个体的意志所决定。职业成就的取得并不取决于我们个人的主观意愿，而是与客观现实关系密切。基于这个原因，个体对职业问题的回答及回答的方式很可能反映出了他的人格及其对生活的态度。

第三个基本问题产生于人类分为两种性别的事实。如同前两个问题一样，这个问题的解决同样也不是个人和主观的事情，只有使它与两性关系的内在客观逻辑相一致，问题才能得以解决。如果将“我该如何和异性相处”简单地归类于一个典型的个人问题，这同样是错误的。只有全面考虑所有与两性关系相关的问题，我们才能找到正确的解决办法。显然，无法正确处理爱情和婚姻的问题，这也从一个侧面体现了人格的缺陷和缺失。因此，对这个问题处理不当而产生的许多有害后果都可以从人格缺陷和缺失的角度来加以解释。

综上所述，我们完全可以根据个体对以上三个基本问题的回答，去发现他大致的生活风格和独特的目标。个体的生活目标具有决定意义。它决定了这个人的生活方式，并反映在这个人的行动上。因此，如果一个人的目标是积极向上、指向生活中有建设性的一面，那么，我们就会在这个人解决问题的方法中发现这一积极的印记，发现他解决问题的方法中有着建设性的一面。个体也会因此感受到幸福，并从他有建设性意义的活动中感受到一种价值和力量。相反，如果一个人的目标是指向生活中消极的一面，那么，个体就无力解决这些根本问题，自然也就不能体会到妥善解决这些问题所带来的快乐。

这些基本问题彼此存在着密切的联系。由于在社会生活中这些基本的问题会派生出某些特定的任务，而这些特定的任务又必须在统一的社会背景下（即社会感情的基础上）才能妥善完成，这些基本问题也因此变得极为密切。实际上，这些任务在儿童时期就已经出现了：我们的感官发展与看、听和说等社会生活方面的刺激是一致的；在和我们的兄弟、姐妹、父母、亲戚、伙伴、朋友和教师的相处过程中发育成长。这些任务还以同样

的方式伴随一个人的一生。无论是谁脱离了与其同伴的社会接触，他的一生就注定要失败。

所以，个体心理学有充足的理由把对于社会有益的事情视为是“正确的”。同理，偏离社会的标准和要求就不是“正确的”，并必然会与客观的法律和现实的客观必要性发生冲突。而这种与客观现实的冲突将会使行为人产生明显的无价值感，这种冲突也将会引起受害者同等甚至更强烈的报复；最后，我想要强调的是，违反社会要求也就是扰乱人们内在的社会理想，而我们每个人都有意识或无意识地怀有这种理想。

由于个体心理学积极强调运用儿童的社会意识来检测一个孩子是否获得成长，所以，个体心理学想要确定和评价儿童的生活风格非常轻松自如。儿童一旦遭遇到生活问题，他就会在考验情境中表现出是否准备充分的行为。换句话说，我们可以从中看出他是否具有社会情感、面对困难的勇气和解决困难的理解力，是否追求对社会普遍有益的目标。然后，我们只需要找到他努力方式的节奏，发现他的自卑感的程度和社会意识的发展强度。所有这些相互关联、相互渗透，就形成一个不可分裂的统一体。这个统一体是顽固且不可分割的，除非这个统一体被发现有缺陷，随后，新的统一体才可能重建。

第二章
人格的统一性

儿童做的每件事都是他总体生活和整体人格的表达，想要理解他们所做的事就必须先了解行为中隐蔽的生活背景。同时，不应把儿童特定的行为当成孤立的音符来解析，而是要将它视为整个乐章的组成部分，即整体人格的组成部分。

儿童人格统一性的发展

儿童的心理世界是非常奇妙的。无论我们接触到哪一个方面，它都引人入胜，令人着迷。也许最奇妙的事情莫过于我们想要了解儿童的某一特定行为，就必须先了解他的全部生活史。儿童做的每件事都是他总体生活和整体人格的表达，想要理解他所做的事就必须先了解行为中隐蔽的生活背景。我们把这种现象称为人格的统一性。

人格统一性的发展就是把人的行动和表达协调成一个单一的模式，这种发展从童年就开始了。生活的要求迫使儿童以协调统一的方式对生活做出回应，而使他应付环境的统一反应方式不仅构成了儿童的性格，还使他的行为个性化，从而与其他儿童区别开来。

众多心理学派通常都忽视了人格的统一性这一事实，就算不能轻易说是忽视，也没有给予它应得的重视。这就导致在心理学理论或精神病学实践中，被实践者的某一个表达或手势被孤立开来研究，似乎它们是一个独立的整体。

有时，这种表达或手势被称为一种情结，其假设是，某一动作或表情可以与个体的其他活动相互隔离。这就如同从一首完整的乐谱中抽出一个音符，然后试图脱离组成乐谱的其他音符，单独理解这个音符的含义。这种做法显然是不合理的，但是却普遍存在于人们的行为模式之中。

个体心理学认为自己有义务来抵制这一普遍谬误。当这种做法运用到儿童教育上时，造成的危害会更大。这一错误的行为模式在儿童惩罚的理论中体现得尤为突出。

如果儿童做了什么招致惩罚的事情，一般会发生什么情况呢？

通常，人们会考虑到儿童人格留给人们的整体印象，但是惩罚对于儿童来说常常是弊大于利的。如果这个儿童犯了一个他多次重犯的错误，教师或家长会先入为主地将他视为屡教不改。但是，如果这个儿童在其他方面表现良好，那么，人们通常会鉴于对这个儿童的整体好感对他从宽处理。

不过，这两种情况都没有触及问题的根源——在全面理解儿童人格统一性的基础上探讨这种犯错误的情况是怎样产生的。这种情况犹如试图从整首乐谱中抽取的某一个音符。

我们会问一个儿童为什么懒惰，但我们不可能从他身上得到我们想知道的根本原因；同样的，我们会问一个儿童为什么撒谎，但是无法从他身上得到我们想要的原因。

深谙人性的苏格拉底就说过："人最难的是认识自己！"既然如此，我们又有什么资格去要求一个儿童来回答如此错综复杂的问题？毕竟回答这些问题对一个心理学家来说也是勉为其难的。了解个体某一行为表达的含义的前提是，我们要想办法了解他的整体人格。这个办法并不是描述这个儿童的具体行为，而是要理解儿童会采取什么样的态度对待摆在他面前的任务。

下面这个例子将会阐释了解儿童整体生活背景有多么重要。

一个13岁的男孩有一个妹妹。在他8岁之前，他是家里唯一的孩子，这段时光里，他过得快乐美好，他周围的每个人都乐于满足他的每个要求。他的父母都对他宠爱有加，他的父亲喜欢安静，性情温和。他的儿子依赖他，他感到很高兴。但孩子一般都对母亲更亲近些，更何况他的父亲是个军官，经常不在家。他的母亲是一个聪明善良的女人。她总是尽量满足这个既依赖又固执的儿子的每一个心血来潮的要求。

不过，当儿子表现出没有教养和胁迫性的态度和动作时，母亲也会很生气，母子关系因此出现了紧张状态。这种紧张状态首先表现在男孩总是试图支配他的母亲，对她专横霸道、发号施令，总而言之，他就是无时无刻地以各种无礼的方式来引人注目。

虽然男孩总是在制造麻烦，但他的本性并不坏。因此，他的母亲总是宽容他无礼的态度和行为，依然帮他收拾衣服，辅导功课。这个男孩笃定他的母亲会帮他解决遇到的任何困难。毫无疑问，他也是个聪明的孩子，他同其他儿童一样受到了良好的教育。直到他8岁的时候，他在小学的学业进展顺利。

有了妹妹之后，他发生了重大的变化，使得父母对他难以忍受。他开始自暴自弃、漫不经心、懒散拖沓，这让他的母亲觉得崩溃。一旦他的要求没有得到及时地满足，他就会扯母亲的头发，拧她的耳朵，掰她的手指，使她不得安宁。

他拒绝改正自己的行为方式，随着他的妹妹的长大，他愈加坚持自己的行为模式。妹妹很快就成了他捉弄的目标。虽然他还不至于伤害妹妹的身体，但是他对妹妹的嫉妒之心是显而易见的。他的恶劣行为始于妹妹的诞生，因为从那一刻开始，妹妹就成了家庭关注的焦点。

在这里需要特别注意的是，当一个儿童的行为开始变坏，或者出现了新的令人不快的迹象时，我们不仅应该注意出现这种情况的时间，还要调查这种情况产生的原因。诚然，这两件事的因果关系并不是严格意义上的物理学的因果关系，因为我们不能够宣称，一个孩子的行为变坏是由另一个更年幼的孩子的出生导致的。但我们可以肯定，落向地面的石头必然会朝着一定的方向以某一种速度下落。而个体心理学所做的研究使我们有权宣称，造成行为倒退的，严格意义上的因果关系并不起作用，而是那些不时产生的大大小小的错误在发挥作用。而这些错误的产生，影响了个体成长。

人在心理成长过程中会犯错误，这无可厚非。这些错误和其结果密切相关，集中体现了某种失败或者某种错误的人生方向。问题的根源在于人需要在心理上确定一个目标，而心理目标的确定涉及人的判断，而一旦涉及判断，就会有出现错误的可能性。

目标的确定早在儿童时期就开始了，一般来说，儿童在2～3岁时就为自己确定了一个追求优越的目标。这个目标指引着他们，激励他们以自己的方式来达成。错误目标的确定通常是基于错误的判断。不过，目标一旦形成，它就会不同程度地约束、控制着儿童。儿童把自己的目标具体落实到行动上，也会调整自己的生活，以便全力以赴地向着自己的目标展开追求。

因此，儿童对事物的个体性的理解决定着他们的成长，这一点非常重要。当一个儿童陷入新的困境时，他的行为会局限在自己错误的认知中，认识到这一点同样也很重要。正如我们所知，客观情景在儿童的头脑中留

下客观印象，但这并不取决于客观的事实或情况，而取决于儿童如何看待这一事实。这是反驳严格因果理论的充分依据：客观事实和客观事实的绝对含义之间存在着必然的联系，但客观事实和对客观事实的错误看法之间却不存在这种必然联系。

行为模式逻辑

我们的心理奇妙之处在于，决定我们要走的方向不是事实本身，而是我们对事实的看法。我们对待客观事实的态度和看法是我们行动的基础，也是我们人格构建的基石，因为观点指导行动。有一个经典的例子可以佐证这一论点，那就是恺撒登陆埃及的情况。

恺撒在登陆海岸时被绊了一下，摔倒在地。罗马士兵把这视为一种不祥之兆。如果这时恺撒没有兴奋地挥动双臂，激动地喊道："你属于我了，非洲！"那么，这些原本英勇无畏的罗马士兵一定会掉头返回。

从这一例子中，我们可以看出现实的结构对我们行动所起的作用是多么的微小，现实给予的效果，往往是经过了人的整体人格的重整。大众心理和理性常识的关系也同样如此。如果在大众心理普及的环境中出现了理性常识，这并不意味着环境本身决定了大众心理或理性常识，而是这两者都代表了当时环境自发的观点。通常，只有当错误的观点成了强弩之末，理性常识才会崭露头角。

让我们再回到那个13岁的小男孩的故事中吧。我们可以想象，小男孩很快就会陷入困境之中。没有人会像过去那样密切地关注他，他在学校没有丝毫进步，行为上不做任何改变。他这种不断地干扰别人的行为，成了他人格的完整表现。那接下来情况会如何发展呢？每当他骚扰别人，他就会受到教师的惩罚，甚至被记录在案，学校会让他父母到学校来。如果他还是屡教不改，学校就会建议父母不要再把孩子送到学校来了，因为这个男孩显然不适应学校生活。

也许这种解决方法正是小男孩求之不得的。他的这种态度再次体现了他的行动模式的逻辑连贯性。男孩始终秉持着一种错误的态度，但态度一旦形成，很难改变。他总想成为众人眼中的焦点，这一观点本身就是错误的。如果他因为犯错误而遭受惩罚，那么，受到惩罚的应该是错误本身。由于这个错误的观点，他总是不断试图让母亲围绕着他转。由于这个错误，他将自己加冕为国王，拥有绝对权力长达8年之久，直到妹妹出生，他被夺了王位。在他丧失王位之前，他只为妈妈而存在，他的妈妈也只为他而存在。后来妹妹出生了，霸占了原本属于他的位置，因此，他拼命挣扎想要夺回王位。这是他犯的另一个错误。但是我们必须承认，他的本性并不卑劣。儿童在面临这种处境时并没有任何准备，也没有得到任何正确的指引，他只能独自挣扎着去应付，此时，他的恶劣行为才会出现。举个例子，如果一个儿童只习惯别人把注意力放在自己身上，突然之间，他就要面临截然相反的处境。这个儿童到了上学的年纪，在学校里，教师对所有学生都一视同仁。当这个儿童要求教师给予更多的关注时，那么他自然会惹怒教师。对于一个一直被娇惯，并非品性恶劣、不可救药的儿童来说，这种处境充满危机。

因此，我们可以理解案例中的男孩的个人生活方式与学校所要求的生活方式之间发生了冲突。如果我们用图示的形式来描述这种冲突，我们会发现图中所标示的儿童人格的目标和学校所追求的目标的方向是不一致的，甚至是相反的。儿童生活中的所有活动，都由自身的目的所决定；因此，他们全身心地向着自己的目标努力，但是学校则期望每个孩子都有正常的生活方式，因而儿童的个人目标和学校目标之间的冲突不可避免。但是学校方面并没有了解这种情境之下儿童的心理，学校没有体现出管理上的宽容，或者尝试消除冲突的根源。

我们知道，孩子在生活中受一个动机制约，即让母亲只为他一个人服务、只为他一个人操劳。他心理的首要欲望就是：母亲为我一个人所有，我要独占她。但学校对他的期望则完全相反：他必须独立完成学习，整理好自己的课本和作业，把自己的东西收拾得井井有条。人们形象地称这种情况就好比给一头性情暴烈的赛马的脖子上套上一辆马车。

在这种情况下，儿童的表现总是不尽如人意。不过，如果我们理解儿童的真实处境，我们就会给予孩子更多的同情和宽容。对于孩子类似的错误给予惩罚是没有意义的，惩罚只会让孩子更加确定想要逃离学校的想法。如果他被学校开除，或者学校要求他的父母将他带回家，那他会觉得正合我意。他错误的感知系统欺骗了他，让他觉得自己获得了胜利，他现在可以真正地控制自己的母亲。母亲必须重新专门为他效劳，这是他求之不得的。

如果我们了解真实的情形，我们就得承认对孩子所犯的错误予以惩罚是没有作用的。例如孩子上学忘记带书本，是因为他知道他忘记了什么，他的母亲都会为他操心。这可不是一个孤立的行为，而是这个孩子总体人格系统的一部分。如果我们明白一个人人格的所有表现都是相互一致，成为一个整体的，那么，我们就可得知，这个孩子只是依照他的生活方式行事。孩子的行为与其人格保持一致这一事实也同时在逻辑上驳斥了这样一种假设，即孩子不能完成学校的功课是因为他智力迟钝。一个智力迟钝的人是不可能从一而终地贯彻自己的生活方式的。

我们能从这一案例中得知，在某种程度上，我们所有人都处于和这个小男孩相似的处境。我们自己的生活方式、我们对生活的理解，不会与既定的社会传统完全和谐一致。过去，我们曾把社会传统视为神圣而不可背弃的，可现在我们已经意识到，人类的社会制度和风俗习惯并不是恒定不变的。恰恰相反，它们总是在不断的斗争和对抗之中发展变化着。社会制度是为人所服务的，人不是因为社会制度而存在的。的确，个体的解放在于培养社会意识，但这并不意味着我们就可以强迫个体接受千篇一律的社会模式。

个体和社会之间的关系是个体心理学理论的基础，同时，对于学校制度和那些难以适应学校生活的学生的处理有着特殊的意义。学校必须学会把儿童视为具有独立人格的个体，视为有待雕琢的璞玉。与此同时，学校还应该学会运用心理学的知识去判断、评价特定的行为。正如我们之前说过的，学校不应把特定的行为当成孤立的音符来解析，而是要将它视为整个乐章的组成部分，即整体人格的组成部分。

第三章
追求优越及其对教育的重要意义

追求优越和自卑感是同一心理现象的两个不同方面。儿童的某些特征是环境作用的结果。相比将孩子培养得野心勃勃而言，我们更应该培养孩子的勇敢、坚忍和自信的品质，要让他们学到解决问题的办法。如果教育者能够判断孩子努力的极限在哪儿，那么孩子的成长和发展就更容易获得进步。

自卑与超越

除了人格的统一性，人性的另一个重要的心理事实就是人们对优越感和成功的追求。追求卓越的诉求与人的自卑感有直接的联系，如果我们没有感受到自卑或自我感觉处于“下游”状态，我们就不会有突破现状的愿望。追求优越和自卑感是同一心理现象的两个不同方面。为了方便表述，在这里我们将会把它们分开来讨论。本章我们将要讨论追求优越及其对教育的意义。

关于追求优越感我们首先会考虑的问题是：追求优越是否和我们的生物本能一样是与生俱来的。我们对此做出的回应是：这是一个不大可能成立的推想。我们并不认为对优越感的追求是与生俱来的。但是我们必须承认，人性与追求优越是密切相关的。

人的活动局限于一定的范围之内。人的某些能力是永远得不到发展的。例如，我们不可能拥有狗的嗅觉能力，也不可能用肉眼看到紫外线。但是我们拥有的某些功能性能力是可以进一步得到发展的。我们可以从这些能力的进一步发展中看到追求优越感的生物学上的根源，也可以从中看到个体人格心理发展的根源。

其实，无论是儿童还是成人，都有一种在任何环境下都要追求优越的冲动。人的本性无法容忍长期的低下和屈从，被蔑视和被侮辱的感觉、不安全感和自卑感，总会使人产生渴望登攀更高一级目标的愿望，以获得补偿和达到完美。

实践表明，儿童的某些特征是环境作用的结果。某种环境的力量造成了孩子的自卑、脆弱和不安全感，而这些感觉反过来又对儿童的整个精神心理产生了刺激作用。于是儿童就会下定决心摆脱这种状态，达到新的高度，以获得一种平等甚至优越的感觉。儿童努力向上的愿望越强烈，他的目标就会定得越高，以此来证明自己的能力，但是这些目标常常超越人的能力范围。由于儿童在幼儿时期常常能够获得来自不同方面的支持和帮助，这便刺激儿童设想自己将来会成为一个无所不能的人。我们发现，儿童自己也会有挥之不去的幻想，他们会被一种“成为卓越人物”这样的想法所控制，这种想法通常会发生在那些自我感觉脆弱的儿童身上。

比如，一个14岁的孩子有着严重的心理问题，在要求他回忆童年时期的印象时，他说，他记得在他6岁的时候，他因为不会吹口哨而极其痛苦。可是，有一天当他走出房间时，他竟然会吹了。他感到非常惊讶，并相信这是上天的杰作。这清晰地表明：脆弱感和想象自己是个大人物之间存在着密切的联系。

追求优越感与一些明显的性格特征有着密不可分的关联。通过观察，我们可以从一个儿童对优越感的追求中看到他的野心。如果他渴望得到认可的愿望过于强烈，那么他往往就会产生嫉妒心理。这种类型的儿童很容易变得希望他们的竞争对手遭遇不幸。他不仅怀有这种阴暗心理，通常还会因此引起神经疾病，而且还会做出伤害别人的举动，刻意地给别人制造麻烦，甚至表现出明显的犯罪特征。这样的孩子为了证明、抬高自己的价值，会做出刻意诋毁中伤、羞辱对方的卑劣行径，尤其是在众人围观的公共场合。他自以为没有人是能够超越他的，因此，无论是抬高自己的价值还是贬低别人的价值都不重要。当权力的私欲达到一定程度，他就会表现出报复心理。这种孩子总是表现出一种好斗和和挑衅的姿态，他们眼露凶光、大发雷霆，时刻准备着和想象中的对手博弈。对于那些极力追求优越感的孩子，考试对于他们无疑是一个不小的挑战，因为通过考试的评测，他们的无价值的地方就会轻而易举地暴露出来。

以上也证明，学校有必要调整考试制度，以此来适应学生的个性和心理特征。考试对不同学生来讲意义不同。我们经常发现，考试对某些学生来说是一件极为艰苦的事情，他们的脸色忽白忽红、说话结巴、身体颤抖，他们又惊又怕，大脑一片空白。有些学生不敢单独回答问题，他们只能混迹在人群之中，因为他们害怕别人看着他。儿童追求优越的心理在游戏之中也会有所体现。例如，儿童在玩驾驭马车的游戏过程中，追求优越感的儿童不愿意去扮演马的角色，他们对具有决定权的车夫更感兴趣，这从一个侧面也说明他们想成为领导者，想去指挥别人。如果想成为马夫的角色这一诉求受到阻碍，他们就会扰乱游戏，以此为乐。如果他们屡遭挫折，并因此气馁，丧失了信心和勇气，那么他们在面临新的情境时就会表现畏缩，而不是勇往直前。

那些还拥有雄心壮志、不曾失去勇气的儿童，依然会喜欢各种竞争性质的游戏。不过，在遭受挫折时，他们也会表现出惊恐和不知所措。我们可以从孩子喜欢的游戏、故事和历史人物中，推断出他们自我肯定的方向和程度。我们会看到许多成年人对拿破仑的崇拜之情。理所当然的，对于那些雄心壮志的人来说，拿破仑无疑是一个恰当的偶像。整日沉溺于妄自尊大的白日梦的人，都有着强烈的自尊心。那些时常遭受失望打击的人们常常会在梦境之中寻求心理的满足与陶醉。

儿童在追求优越感时会趋向于不同方向，我们以此来将它们分为不同种类。当然，我们不可能将这种区分划分得十分精准，因为儿童在追求优越方面差异太大，而这种差异的维度是由孩子自信心的大小决定的。心理健康的儿童会通过努力获得成就自己的优越感；他们会用行动来争取教师的好感，也会将自己打理得整齐清洁，正是一个正常儿童的作为。不过，现实证明，这样的儿童只属于少数。

另一些孩子则是以优于别人为目标，并表现出令人不解的执着。通常，这种追求功利性过强，但这点通常会被人忽视，因为我们习惯性地助长孩子的雄心，并鼓励他们多加努力。但是，追求的目标太大往往会妨碍孩子的正常成长。雄心太大会给儿童造成很大的心理压力，短时间内他尚能承受，不过，随着时间的推移，这种紧张的心理压力会不可遏制地加剧。如此一来，儿童可能会花过多的时间在书本上，从而忽视了其他活动。受膨胀欲望的主宰，这类儿童往往为了做到成绩在学校名列前茅而回避其他问题。对于儿童这样的发展方向，我们很难满意，因为在这种情况下，儿童不可能得到身心的健康发展。

这类儿童的目标就是超越其他所有儿童，并由此来安排他们的生活，这种目标的局限性会严重干扰他们的正常生活。这时，我们应该提醒他们，要多出去走走，呼吸一下新鲜空气，常和小伙伴们玩耍，而不是一味地将精力放在书本上。这类孩子虽不占大多数，却也经常出现。

此外，还会出现在一个班级里两个学生暗中较劲的情况。如果能够得到机会仔细观察，就会发现这两个相互较劲的儿童会有一些共存的性格特点，这种特点并不十分令人喜欢。他们身上有着善妒的性格，一个独立的、和谐的人格则不会出现这种品质。这些儿童看到别的孩子获得成功就会恼怒不已。当其他儿童处于优越位置时，他们的身体往往会出现头疼、胃疼之类的症状。当其他儿童受到表扬的时候，他们就会退至一旁，不会交口称赞。然而，这种嫉妒情绪的出现并不能充分反映出这类孩子争强好胜的心理。

这类儿童并不能和他们的伙伴们和平相处。在玩游戏的过程中，他们总是试图做个领导者去指挥别人，也不愿意遵守游戏规则。然而，他们这样做是体会不到游戏的乐趣的。他们总是以居高临下的姿态对待自己的同学，这就导致他们不能和同学们愉快地玩耍。在他们眼里，同学是会威胁自己的地位的。这类儿童对获得成功没有一点信心，当他们察觉到自己处于危险环境之中时，就会手忙脚乱、不知所措。他们背负着别人和自己的期待，这使他们难以承受这种负担和压力。

这类儿童能够敏锐地感受到家庭对他们的期待。他们对这份期待总是怀着激动和紧张的心情，他们总是想着要超越别人，成为“万众瞩目”的焦点。这种任务是一种负担，但只要他们处于有利的情势中，他们就会毅然决然地选择负重前行。

如果人类掌握了绝对真理，能够找到一种完美方法使儿童免遭上述困难，那么，我们就不会有问题儿童了。既然我们找不到完美的方法，我们也无法创造出尽善尽美的成长环境，那么对孩子过于热切的期望无疑是一件异常危险的事情。这些孩子在遇到困难时，他们的感受完全不同于那些没有不良心理负担的儿童对困难的感受。我们这里所说的困难是指不可避免的困难。想让儿童免遭困难实在是一种遥不可及的奢望。一方面是因为我们的教育方式不具有普适性，亟待改进；另一方面则是因为一味争强好胜会摧毁他们的自信心，使他们缺乏足够的勇气去战胜将要面临的困难。

雄心勃勃的儿童只注重最后的结果，即人们肯定他的成绩。如果成绩得不到肯定，他们就不会感到满足。众所周知，在很多情况下，在遇到困难时保持心理的健康与平衡远比马上解决问题要重要得多。一个喜欢争强好胜的儿童是认识不到这一点的。这种过度看重别人评价、有着严重依赖心理的儿童并不少。

保持平衡

面对价值问题的判断，保持平衡感是何等重要。这从那些器官发育不完善的儿童身上得到了体现。这样的儿童十分常见。许多儿童身体的左半部比右半部发育得更好，这一事实鲜少有人知道。在右撇子更为盛行的文明中，左撇子儿童会遭遇异乎寻常的困难。我们会发现，左撇子儿童在书写、阅读和绘画的活动中往往会陷入困境，他们在运用手的活动中表现笨拙，显得不够灵活。我们需要借助某些方法去鉴定一个儿童是左撇子还是右撇子。有一个简单但不绝对的办法就是让儿童双手交叠，左手大拇指在上的就有可能是左撇子儿童。我们会惊奇地发现有很多人是天生的左撇子，而他们自己并不知道。

如果我们以左撇子儿童为调查对象进行研究，就会发现这样的事实：首先，在右撇子文明横行的时代，左撇子儿童通常被视为笨拙。这种情况就好比，当我们惯于靠右行驶的这些人在英国或是阿根廷这种习惯靠左行车的国家里试图开车穿越街道时，我们会感到不知所措。左撇子儿童只会比这更糟糕，当他们生活在惯用右手的家庭里时，他们的左撇子不仅妨碍自己的生活，也会给家人带来麻烦。在学校练习写字时，他们在这方面的能力会低于平均水平。由于其他人并没有了解到其中的原因，所以他们经常受到惩罚、抱怨、得到差的分数。在这种情形下，左撇子儿童除了相信自己在某一方面的能力确实有欠缺外，往往不会想要其他理由。他们会感觉受到贬损、被人看轻，觉得自己没有能力与别人竞争。家人也会因为他们的笨拙表现而埋怨他们，这更加重了他们的自卑心理。

当然，左撇子儿童不一定会一蹶不振。但许多儿童在类似的情形下放弃了努力。他们不明白自己身处一个怎样的困境中，更没有人教他们如何走出困境。因而要自己走出困境的难度会更大。许多孩子从来没有充分地训练过自己的右手，致使他们字迹潦草难以辨认。事实上，这一困难是完全可以克服的，在许多顶级艺术家、画家和书写工匠当中，很多人是天生的左撇子。他们通过强化训练获得了善用右手的能力。

左撇子儿童的特征告诉我们，我们应该给予孩子面对困难的信心与勇气，否则我们无从判断孩子的能力和潜力。如果我们恐吓他们，甚至夺走他们对未来的憧憬与期待，他们尚且能够生活下去，但如果我们鼓励他们，使他们获得勇气，那么他们就会取得更大的成就。

拥有雄心的孩子时常处境艰难，是因为他们评价的标准只局限于是否获得成功，而不是根据他们是否拥有克服困难的勇气和能力来判断。在当今社会，人们更关注肤浅易见的成就，而非全面彻底地教育和培养。我们知道那种轻易获得的成功总是短暂易逝的。因此，将孩子培养得野心勃勃毫无益处，我们更应该着重培养孩子的勇敢、坚忍和自信的品质，要让他们学到，面对困难毫不畏缩，把遭遇的挫折当作一个新的问题去解决。当然，如果教育者能够判断孩子努力的极限在哪儿，那么，孩子的成长和发展更容易取得进步。

孩子追逐优越感可以反映他性格的某一个特征，例如争强好胜。许多孩子追逐优越感的最初形式就表现为争强好胜，但是由于其他孩子已经远远走在了前面，想要超越他们似乎是一件不可能办到的事，他们因此放弃了这种尝试。

许多教育者通常会采取强迫性的手段，唤醒那些成绩不好、在他们眼中没有远大目标的孩子沉睡的雄心。如果这些孩子勇气尚存的话，这种方法有时也会奏效，但是不宜普遍使用。那些学习成绩已经接近低谷的孩子会被这种方法搞得不知所措，因此变得更加愚笨。

但是，如果我们能以温柔、关心和理解的态度来对待孩子，他们往往会表现出令我们意想不到的能力与才智。通过这种方式调整过心态的孩子好胜心很强，因为他们害怕再回到过去的样子。他们过去毫无斗志的经历，不断督促着他们取得更大的成就。在以后的生活中，他们当中的许多人都专注于工作之中，夜以继日地忙个不停，但始终以为自己做得还不够。

让我们回到个体心理学的基本思想，即个体的人格（包括成人和儿童）是一个统一体，个体人格表现出的行为和他逐渐形成的行为模式是相符的，那么，上面所阐述的内容就清晰了。剥离这个人的人格单独判断他的某一行为是片面的。如果我们把学生的一种特定行为，比如上学总是迟到，理解为他对学校交给他的任务不可避免地回应，那么，对这一行为做出判断的困难就不存在了。他们会理解成，孩子的这一反应只是意味着他不愿意上学，也不想完成学校交给他的任务。事实上，他会想尽办法不遵从学校的要求。

从这个观点出发，我们就能够理解所谓的“坏”孩子是怎么样的了。孩子之所以表现得不喜欢上学，是因为孩子对优越感的追求没有转化为接受学校的要求，反而表现为对学校要求的抗拒。于是，孩子会表现出一系列典型的行为症状，表现为屡教不改、故意作对，并逐渐堕入不可救药的境地。他乐于扮演一名小丑的角色，不断地调皮捣蛋、引人发笑。他还会招惹同学，旷课逃学，与不三不四的人为伍。

因此可见，我们不仅影响着孩子的发育成长，还影响着他们未来的发展。学校是家庭与社会的过渡，这一场所可以矫正孩子在家庭教育中形成的有缺陷的生活方式，学校有责任为学生适应社会生活做好准备，以确保他们在社会这个合唱团之中找到自己的乐谱。

学校的教育

从历史的角度来考察一下学校所发挥的作用就会知道，学校是以社会理想、时代需求来塑造个体的。学校总是按照时代的要求和统治阶层的需要来教育孩子。现如今，学校也应该为了适应社会理想来做出改变。因此，如果当今社会所需要的典型成年人是独立、自主、富有勇气的人，那么，学校也应该做出调整，以此为教育目标来培养人才。

换句话说，学校不能将自己的诉求作为培养学生的目标，学校是为社会服务的，必须按照社会的标准来教育学生。因此，对那些放弃努力进步的学生，学校也不应该放弃。这类学生追求优越感的动力并不比其他人小，只是他们把精力全都放在了一些他们认为不需要太多努力就能成功的事上了。遑论对错，至少他们相信自己能够取得成功。这可能是因为他们曾无意识地在这些方面进行过摸索，并取得了成就。因此，或许他们不能在数学上取得成绩，但却能够在体育项目上大显身手。教师千万不要轻视孩子在某些方面的优势，而是要把这种优势当作教育的突破口，鼓励孩子争取在其他方面也能取得成绩。如果教师一开始发掘到孩子的发光点，并且鼓励他们在其他方面也取得同样的成绩，那么教师的任务也会轻松很多。这就犹如把孩子从一个长满果实的花园引到另一个硕果累累的花园。既然所有孩子（智力低下的儿童除外）都有取得成功的能力，那么学校的任务就是克服各种人为设置的障碍。这些人为障碍出现的原因，源自学校往往以学生阶段性的成绩作为成功的标准，而不是参照社会的终极需求与目标。从学生的角度来看，这些障碍摧毁了学生的自信心，因此，他们为了追求优越感而放弃从事对社会有益的活动。因为从事那些对社会有益的活动，他们很难获得孜孜以求的优越感。

在这种情况下，儿童会如何应对呢？他会想到逃避的方法。我们经常发现这些儿童会做出一些古怪行为，例如倔强、顽固、无礼等。这些表现虽然不能赢得教师的赞美，但却能成功地吸引教师的注意，甚至获得其他儿童的崇拜。他们会以此为荣，将自己视为了不起的人物。

这些心理表现和偏离规范的行为是儿童在经受学校考察时暴露出来的，但儿童行为偏差的根源并不全在学校，尽管他是在学校才初露端倪的。积极来讲，学校的确有教育和矫正儿童行为偏差的义务，但消极来讲，学校只是儿童早期家庭教育弊端暴露的场所。

一位称职的教师在孩子入学的第一天就能敏锐地从他们身上观察到许多东西。因为他们很快就能显露出家庭教育的一些特征，一个深受溺爱的孩子会觉得新环境带给他许多不适和痛苦。这类孩子还没有学会如何与其他人相处，他们无法在这里收获友谊。如果孩子在入学前就从家庭中得到如何与人相处的一些知识，比如，我们不能让他只依赖某一个人，而将其他人排除在外。学校有责任矫正孩子在家庭教育中的行为偏差。

我们不必期待一个被宠坏的孩子能在学校专心于学业，那几乎是不可能的。事实上，他们还没有“学校”的意识，他们宁可待在家里也不愿意上学。小孩厌学的迹象总是能够被轻易察觉。例如，每天早上父母催促孩子快点起床、快点吃早饭。孩子的这种表现，已经为自己的进步构建了一道不可逾越的鸿沟。

这种问题类似于左撇子儿童的问题，我们必须给予他们足够的时间去学习和矫正。如果他们上学迟到，惩罚只会让他们更加不喜欢学校，让孩子更加认定自己不属于学校。如果父母用体罚的手段强迫孩子去上学，他们会寻找办法，他们会选择逃避困难而不是面对、解决困难。我们可以从孩子的任意一种行为中看出他们是否厌恶学习。如果一个孩子总是习惯性地忘记拿书本或丢失书本，那么我们可以判断这个孩子的学校生活并不顺利。

如果进一步考察，我们会发现这些孩子对学业上的成功通常不抱有期待和希望。他们这种自我低估，并不完全是他们的责任。周围的环境助长了他们在错误的路上越走越远。家人在对他们失望时会口出恶言，预言他们不能有光明的前途，或者咒骂他们蠢笨无能。这些孩子到了学校，发现那些预言被一一证实，而这些孩子自身缺乏纠正这种错误看法的判断分析能力，因此，他们还没有努力过就已经放弃了成功的希望。他们认为这是不可跨越的障碍，并且进一步佐证了自己能力上的缺陷。

错误一旦发生，得到矫正的可能性就很小。尽管这些孩子已经做出了努力，但却依然落后于别人。这个事实也促使他们很快放弃对学业的希望，并顺理成章地成为他们逃学的借口。逃学，通常被视为非常恶劣的行径，对此要受到严厉惩罚。于是，孩子会认为自己是迫于无奈的，他们会使用诡计、造假的手段来使自己免遭惩罚，甚至会使用一些让他们在错误的道路越走越远的手段。他们会模仿家长签字，篡改学习成绩单。他们会向家长编造谎言，陈述在学校的经历，而实际上他们已经逃学很久了。在学校上课期间，他们会寻找一些藏身之处，而这些地方也经常藏匿着一些“志同道合”之辈。逃学以后，他们追求优越感的心理诉求无法得到满足。这就促使他们采取更为偏激的行动以追求优越感，甚至会做出违法的事情来。这样一来，他们在错误的路上越走越远，最终往往以违法乱纪告终。他们结成团伙，开始盗窃，并错以为这样做，自己就长大成人了。

一旦他们走出犯罪的第一步，他们就会继续行走在满足优越感的路上，只要他们的行为还没有被人发现，他们就胆敢犯下更严重的罪行。他们会在这条不归路上越走越远，因为他们觉得自己不能在其他方面取得成功。他们不会考虑去做任何富有建设性和有益的事情。受争强好胜的心理驱使，他会做出新的犯罪行为以在同伴之间“脱颖而出”。我们可以发现，一个有犯罪倾向的孩子同时也会极端自负。这种自负和野心源于相同的理由，它迫使孩子追逐优越以凸显自己。当他们在生活的积极方面找不到优势时，就会转向生活的消极方面。

我们来看一个孩子杀死教师的案例。通过调查，我们发现了这个孩子身上拥有上述所有人格特征。这个男孩的女家庭教师相信自己很了解这个男孩的心理，其中包括心理活动的表达和功能。这个男孩在过于小心翼翼的教育环境中长大，他也因此丧失了对自己的信心，因为曾经志向高远，也就是说，现在已完全灰心气馁了。学校和生活都满足不了他的过高期望，现在却什么都不是。他无法在学校中找到优越感，转而做起了违法犯罪的事情，以此来脱离学校教育的管制。

从事与教育相关的人都会注意到这样一个值得关注的事实：我们经常会在教师、医生、律师的家庭里发现任性顽固的孩子。这就证明无论是在职业声望不高的家庭，还是在较高的职业权威的家庭里，孩子教育失败的问题屡有发生。尽管有些人拥有很高的职业地位，但他们好像没有能力为家庭带来和平与秩序。这归根到底是因为在所有家庭中，某些重要的教育观点要么被无视，要么被误解。还有一部分原因是，那些拥有教育者身份的父亲，往往将在职业中的权威带回到家庭之中，将一些严格的规定强加给他们的孩子。这样一来，他们的严厉要求与控制就威胁到了孩子的独立人格。他们这一行径唤醒了孩子的反抗意识，唤起了他们记忆深处家长以棍棒教育子女的暴力压迫，这也唤起了他们的报复意识。我们应该记住，家长刻意的教育是对孩子的一种特别关注，在大多数情况下，这是一件好事，但这也经常将孩子推到被关注的中心位置。这样一来，孩子会将自己当作一种被展示的试验品，并将责任归结在操纵者身上。当有困难和需要担当责任时，他们理所当然地袖手旁观。

第四章
正确引导孩子追求优越感

每个孩子都在追求优越感。教育者的任务就是把这种追求引向有建设价值和有益的方向，并确保孩子的努力追求给他们带来的是精神健康和幸福，而不是精神疾病和灾难。

有益的标准

众所周知，每个孩子都在追求优越感。而教育者的任务就是把这种追求引向有建设价值和有益的方向，并确保孩子的努力追求给他们带来的是精神健康和幸福，而不是精神疾病和灾难。

那么这一工作该如何进行呢？区分追求的方向究竟是有益还是无益的？标准又是什么呢？这一标准就是是否符合社会利益。每一个值得炫耀的成就都是符合社会正向价值观的。想想那些我们认为的高尚伟大的壮举，这些行为不止对壮举的创始人意义重大，对社会同样具有重要的价值。因此，教育者要培养孩子的社会意识，或者说，要加强孩子对社会价值的认同感。否则，孩子对优越感的追求会偏离社会价值观，最终演化为问题儿童。

的确，人们对什么才是对社会有益的标准的看法不尽相同。不过，我们能够肯定的是，我们可以通过树上结的果实来判断这棵树的好坏，也就是说我们可以从个体某一行为的结果来判断这一行为对社会是否有益。这也意味着我们还要把时间效果等因素考虑在内。这个行为与现实的逻辑相关度是通过这个行为对于社会需要和利益的关联程度显现出来的。人们对行为进行价值判断取决于事物的普遍结构，行为的结果与这种标准的契合程度早晚会水落石出。幸运的是，复杂的价值判断在生活之中运用得并不普遍，例如政治变革、社会变迁等，这种事实总是需要经过历史的检验才能得出结论。

不过，在个体生活的范畴内，行为的结果最终都会显示出行为是有益的还是无益的。站在科学的角度上来看，没有任何一种行为是绝对有益无害的。因为这关乎绝对真理，关乎对人生问题的正确解决，而人生问题受地球、宇宙和人类关系的逻辑的制约。这种制约就如同一道难解的数学题摆在我们面前，尽管解题十分困难，但是问题的答案就在问题里面。我们要想判断解决办法的正确程度，只有积极参考这一问题的相关材料，研究问题产生的背景。遗憾的是，我们检验问题答案的时机总是姗姗来迟，以至于我们没有纠正错误的时间。

由于人们难以站在客观的角度审视自己的生活结构，这就使很多人都不能理解自己的行为模式是连贯一致的。生活中一旦出现问题，他们就会慌乱恐惧，而不是寻找解决问题的办法。他们会把问题出现的原因归咎于自己选错了路。值得注意的是，当孩子偏离了对社会有益的方向，他们就无法从消极的经验中获得积极的教训，因为他们并不理解问题的真正意义。因此，有必要教导儿童不要将生命中的经历看成独立事件，它们在生命中是相互关联的，任何事件都是存在于自己整体生命的背景之下，孩子想要解释当下的事情，只有将以往的事情联系起来才能得到结果。孩子只有明白这个道理，才能了解自己步入歧途的原因。

获取特权的小手段

在进一步探讨有益的优越感与无益的优越感追求之间的差别之前，首先应当谈一谈一种似乎与我们的理论相矛盾的行为，即懒惰行为。从表面上来看，懒惰与“孩子天生都有一种追求优越感的心理需求”的观点相互矛盾。事实上，懒惰的儿童正在享受懒惰带给他们的好处，他们不必背负别人对他们的期望，即便他们没有什么成就，别人也不会过分苛责他。因为他不愿意努力，所以总表现出一种无所事事、松松散散的样子。但是他的懒惰却成功地吸引了别人的关注，至少他的父母要为他操心。

心理学对孩子懒惰的解释往往过于片面。很多时候，懒惰只是孩子缓解自己处境的一种手段。他们总是把自己的无所建树归咎于懒惰。这样一来，大家不会指责孩子愚笨；相反，孩子的家人通常会说：“这孩子如果不懒惰，就没有他干不成的事。”相比于愚笨，孩子还是更喜欢懒惰的评价，这对于没有自信的孩子来说无疑是很好的安慰。此外，这个似是而非的“如果句式”——如果他不懒惰，他什么都能干——抚平了他们毫无成就的挫败感。这类孩子一旦通过努力取得了某些成就，就会和他之前的毫无建树形成鲜明的对比，因此获得极大赞赏。

因此，懒惰的背后通常隐藏着一种不为人知的“小心思”。懒惰的孩子就像走钢丝的人，在钢丝下面有着一张保护网，即便他们掉下去，也不会受到伤害。简而言之，懒惰是那些缺乏自信的孩子的一道屏障，也成了阻碍他们面对困难逃避困难的借口。

通过考察，我们会发现当前的教育方法对懒惰的孩子无计可施，这些方法刚好满足了他们的要求。人们越是喋喋不休地责备一个懒惰的孩子，越是合他的意。人们为他操心，不断地责骂以至于转移了人们对他的能力问题的关注，而这正是他所期望的，对他来说，惩罚也是如此。

如果真的发生了转变，那只是他们所处的情势发生了变化。例如，一个孩子史无前例地取得了某种成就，那可能是因为新来的教师相较于原来的教师更加温和，愿意理解他，真诚地与他谈话，给了他新的勇气，而不是打击他本就所剩无几的自信心。孩子由懒惰到勤快的转变几乎是突如其来的。我们经常会遇到一种情况，孩子的学业一直停滞不前，但换了一个新环境之后却变得异常勤奋了，这主要是因为外界环境改变了。

有些孩子不是采取懒惰的方法，而是通过装病来逃避学校的学业任务。有些孩子在考试的时候情绪紧张，是因为他们觉得教师会因此多给他们一些照顾。一些爱哭的孩子存在着相同的心理：哭喊和精神紧张都是他们获取特权的手段。

归属于上述心理类型的还有这类儿童，即因为某种缺陷而要求特殊照顾的，比如口吃的儿童。儿童说话能力发展的快慢受多种因素影响，其中首要因素就是儿童社会情感的强度。社会意识较强、乐于与别人交往的儿童相较于那些回避社交的儿童，说话能力发展得会更好一些，也更容易一些。但如果人为地减弱儿童的说话诉求，那么儿童的社会情感就弱。

过度纠正和治疗的恶果

当孩子在4～5岁的时候还没有学会讲话，他们的父母就会担心孩子是否有听力发声障碍。不过在经过听觉测试后，他们很快就会排除孩子聋哑的可能，因为他们发现孩子的听力很好。

如今，人们会发现儿童确实生活在一个没有说话需要的环境里。人们如今习惯于将所有东西都放在“盘子”里，端到孩子面前，他们就不会有说话的迫切需要。如此一来，孩子自然很晚才会说话了。

孩子的语言体现了他们对优越感的追求以及这种追求的方向。不管这种表达是用来取悦父母，还是用来满足自己的日常需求。如果他们没有机会以这两种形式表达自己，那么我们自然会忧心孩子的语言能力是否出现了问题。

有些孩子可能存在其他方面的语言缺陷，例如，他们对一些音节发音不准。这些语言障碍都是能够矫正的，但依旧有些人在成年之后还是会口吃、咬舌，或者吐字不清。

随着年龄的增长，许多儿童能够摆脱口吃的困扰，只有一小部分孩子需要接受治疗。我们可以从下面这个13岁男孩的案例中看出治疗的困难来。

男孩在6岁的时候开始接受治疗。治疗持续了一年，但并没有什么效果。接下来治疗停滞了一年。直到第三年的时候才又请了一名医生，不过，经过一年的治疗，男孩的情况并没有得到明显改善。第四年治疗由此停滞。

第五年的头两个月，家里请了一个语言教育专家来对男孩进行治疗，结果情况非但没有好转甚至还恶化了。

过了一段时间，这个男孩又被送到专门的机构矫正口吃。持续治疗了两个月取得了一些成效，但6个月后，口吃的毛病又出现了反复。

这个男孩后来又在另一个语言教育专家那里接受了8个月的治疗，治疗依旧没有成效。后来又请了一名医生，同样没有效果。在第二年夏天，他的情况有所好转，但在假期结束之时，又恢复了原样。

在治疗期间，主要采用高声朗读、说话时减慢语速、做口头练习等方法。人们注意到一定程度上的激动会使口吃的情况得到短暂的改善，但这种情形持续不久就会恢复原样。这个男孩并没有器官缺陷，只是在幼年时期曾经从二楼摔下来，得过脑震荡。

教过这个男孩一年的教师这样评价他："教养良好，勤奋，容易脸红，有点神经质。"

教师说，男孩在学习法语和地理的时候非常吃力，而且每逢考试，他就会表现得异常紧张。他特别喜欢体育活动，对技术性的活动表现出浓厚的兴趣。他虽然没有表现出领导者的特质，同样能与同学相处得很好，但却时常会和弟弟吵架。他是个左撇子，12岁的时候他的右脸发生过中风。

在家庭环境方面，男孩的爸爸是个脾气暴躁的商人，每当男孩说话口吃，他的爸爸就会严厉地斥责他。即便如此，他却更害怕妈妈，他有一个

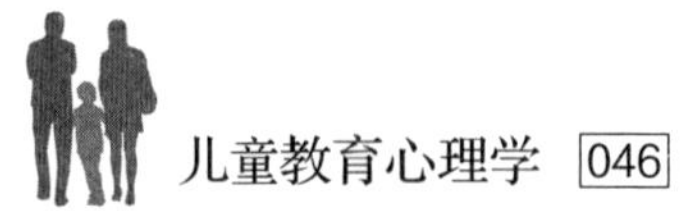

私人家庭教师，很少有自由时间，因此跟妈妈在一起的时间也很少。他觉得妈妈不公平，因为她更疼爱弟弟。

基于以上事实，我们可以得出这样的结论：男孩容易脸红表明他一旦和别人相处，紧张的情绪就会有增无减，这一现象也和他口吃的习惯有关。他的口吃习惯已经内化为他大脑系统中的一部分了，这也是即使是他喜欢的教师也不能治愈他的口吃的原因。

综上所述，我们可以得出口吃的原因并不在于外部环境，而是在于他对外部环境的感知的结论。他的敏感和易怒可以在心理学中找到合理的解释。口吃并不代表他的性格就是消极被动的，这恰恰佐证了对优越感的追求，他只不过是通过敏感易怒的形式表现出来了。

个性脆弱的人大多如此。他只和弟弟吵架显示了他的灰心和气馁。他考试前的紧张则显示了他担心自己技不如人，又害怕与成功失之交臂的心理。强烈的自卑感将他对优越感的追求引入了一条对社会无益的道路上。

相比于家庭环境的不顺心、不如意，男孩更愿意留在学校。在家里，他的弟弟才是家庭关注的重心与焦点。他身体受伤或受过惊吓的经历虽然对他口吃造成的影响不大，但也确实挫伤了他的勇气。他因弟弟而受到冷落，被挤到家庭中的边缘地位。

另一件值得关注的事是，这个男孩8岁时还在尿床。这一症状一般出现在那些一开始深受父母宠爱，后来被家庭中的其他孩子霸占中心地位的儿童身上。尿床能传递出来的信息就是，男孩无法接受被冷落的境遇，因此通过尿床来引起大人的关注。

男孩的口吃是完全能够治愈的，这就需要我们鼓励他，教育他学会独立。通过交给他一些力所能及的任务，帮助他树立自信心。

当劣势成为一种防御机制

对于口吃这一语言障碍，我们还有许多没有交代的地方。口吃者在情绪激动的时候会有什么症状？很多口吃者在发怒骂人的时候语言流利，丝毫没有口吃的症状。年长一点的口吃者在阅读和恋爱的时候，交流也没有障碍。这一事实证明，导致口吃的关键性因素是口吃者与别人的关系。也就是说，当口吃者与其他人建立联系，且必须借助语言来表达自己的时候，他的紧张情绪就随之而来。

如果在学习说话的过程中没有遇到任何困难，那么大家就不会格外关注他说的话。而如果他在这方面存在问题，那么他将会成为家人谈论的对象，成为家人注意的中心。孩子自己也会特别留意说话的问题，他会有意识地控制自己的表达。有意识地控制行为的操作往往会引起功能的紊乱。梅林克的童话故事《癞蛤蟆的逃脱》就是上面结论的有力证明。癞蛤蟆在路上遇到了一个千足动物，并对这一动物的千足特征大加赞赏。癞蛤蟆好奇地问："你走路的时候首先迈出哪只脚，又是如何依次分配其他999只脚的呢？"千足动物开始思考并观察脚的移动，它试图弄明白自己是如何依次迈出它的脚的，结果却把自己搞糊涂了，竟连一步都迈不出来了。

虽然理清我们生活的方向与轨迹有着极其重要的意义，但是，试图控制生命的每个步骤、细节，却是百害而无一利的。我们只有任凭身体肆意发挥，才能创造出生命中的艺术作品。

尽管孩子的口吃习惯会给自己将来的发展带来诸多消极影响，尽管家人对口吃儿童的同情和特别关注对孩子的成长有害无利，但是，依然有许多人不是寻找改变现状的时机与机遇，而是一味地寻找借口逃避问题。这种现象在孩子和成人身上都有所体现。他们对未来丧失了信心，孩子更喜欢依赖别人，并想以自己明显的劣势来赢得优势地位。

巴尔扎克在一个故事中佐证了这一论点。故事中的两个商人都想从对方身上得到更多的利益。他们在做一桩生意，在商量价钱的时候，其中一个商人开始说话结结巴巴的。他的对手意识到，他是想通过口吃的时间来计算盈利。他灵机一动想到了对策——他突然装作耳聋，假装什么都听不到了，口吃者不得不努力让对方听明白，便慢慢地落了下风。这样一来，双方就扯平了。

尽管口吃者有时会利用这种口吃习惯来争取时间，或者总是习惯强迫别人等他把话说完，但这并没有什么值得苛责的。我们还是要鼓励他们，友好温柔地对待他们。只有通过积极的鼓励才能增强他们的勇气，从而完全治愈他们口吃的毛病。

第五章
儿童的自卑情结

在每个人身上，追求优越感和自卑感是并存的。因为自卑我们才会去追求优越感，我们企图通过努力追逐来获得成就以消弭自卑感。

自卑情结中的恶性循环

在每个人身上，追求优越和自卑感是并存的。因为自卑我们才会去追求优越，我们企图通过努力追逐来获得成就以消除自卑感。自卑感给人带来的影响并不大，除非这种自卑感已经阻碍了他对优越感的追求，或者由于对器官缺陷而产生的自卑感加剧到使人无法承受的程度时，就会形成自卑情结。自卑情结是自卑感的膨胀和放大，它驱使人们追逐唾手可得的补偿和似是而非的满足。同时，这种自卑情结过分夸大，消减了自己对抗困难的勇气，堵住了通往成功之路。

这里我们要联系上一章中那个患有口吃的男孩的案例来说明。这个男孩口吃的部分原因就是缺乏勇气，而他的口吃又反向加剧了他的灰心丧气。这就是在神经性自卑情结中常见的一种恶性循环。男孩想躲到角落之中，他不愿意与任何人交谈，因为他已经彻底绝望。他甚至想过自杀。男孩的口吃实际上是他生活模式的表达和延续，他的这一病症赢得了周围人的关注，使他成为人们关注的焦点，这也因此缓解了他内心的困顿。

这个男孩将自己的人生目标定得过于高远，他希望自己成为一个举足轻重的人物。他想要取得关注和认可，他因此表现得与所有人都相处得友好和善，并将自己的工作安排得有条不紊。此外，他还为自己的失败找了一个万无一失的借口——口吃。这个案例之所以富有启发性，是因为这个男孩尽管在追求的方向上大体是积极向上的，但从另一个层面上来看，他的信心与勇气依然在遭受破坏。

当然，口吃只是那些丧失信心的孩子所采取的防御手段之一，他们并不相信能够凭借自己的努力和天分就能取得成功。这类孩子所采用的手段类似于大自然赋予动物们用来自我保护的利爪和锐角。不难看出，这些孩子之所以采取这种手段是因为他们的脆弱和绝望。在他们心里，这些是他们赖以生存的手段。有些孩子用不去控制自己的大小便的方式来宣告他们不想告别自己的婴儿时期，不想告别无忧无虑的日子。他们运用这些小把戏只是为了得到父母和教师的同情，尽管他们有时会招致伙伴们的嘲笑。因此，孩子的种种行为不应被当作一种疾病，这只是他们自卑情结的一种表现，或者是他们追求优越感时方向偏差的一种警示。

小男孩的口吃也许只是他的一个微不足道的心理问题发展而来的衍生品。在曾经很长一段时间里，他是家里唯一的孩子，他的母亲全心全意地为他操劳。随着他逐渐长大，他也许察觉到家人对他的关心逐渐减少，于是他便想出了一个新花招去吸引家人对他的注意。此时的口吃便有了不同寻常的意义。他注意到在和别人交谈时，对方会刻意地关注他的口型和吐字。通过口吃，他便可以将可能属于他弟弟的关注和时间争夺过来了。

在学校也是一样的情况。因为口吃他从教师那里得到了更多的关注。这样一来，无论是在家里还是在学校，他都得到了与众不同的关注。他就如同那些好学生一样引人注目，这正是他所不懈追求的。毫无疑问，他在学校的学业上表现得还不错，但他口吃的“优势”使他在做各种事上都锦上添花。

虽然他的口吃获得了教师的优待，但这并不值得宣扬和推荐。一旦这个男孩没有得到预想中的关注，他就会比其他孩子更容易受到伤害。弟弟的出生带走了原本属于他的关注，这使他变得闷闷不乐。不同于其他孩子，他没有将自己的兴趣转移到其他方面。在他的家庭环境中，妈妈对他来说是唯一重要的人，他对其他人一概不感兴趣。

对于这类孩子，我们想要治愈他们，就必须先鼓励他们，帮助他们重建自信心。我们要以友善同情的态度对待他们，与这些孩子建立友好的关系，而不是一味用严厉的态度去恐吓他们。当然，仅仅做到如此还是不够，我们要与孩子建立友好关系，鼓励他们积极向上，不断努力。我们只有培养起孩子的独立意识，才能让他们始终保持积极努力的方向。我们应采取不同的方法使他们对自己的能力和身体感到自信，使他们相信，只要有毅力和勇气，他们就能够取得伟大的成就。

消极语言会剥夺孩子的希望

在教育孩子时，最大的错误无异于对误入歧路的孩子恶语相向，断言他们以后肯定会变坏。这种愚蠢的评价对情形的转变毫无帮助，只会加剧孩子的怯懦。恰恰相反，我们应该用鼓励的态度帮孩子走入正途。正如诗人维吉尔所说，“我能，是因为我相信。”

以为用羞辱的方式就能纠正孩子的行为是谬论，即使有时我们的确看到有些孩子因为害怕受到别人的羞辱和耻笑而改变了自己的行为，但这只是表象。这种方法是行不通的，我们可以从下面这个案例看出这种做法是无效的。小男孩因为不会游泳而遭受朋友们不停地取笑，他羞怒难当，纵身一跃，从甲板跳入深水之中，人们几经周折才将他救了上来。当一个怯懦的人在自尊心受到威胁和挑战的时候，也许会抵抗，但这种抵抗的方式往往是危险且不合理的。这个男孩无疑是个怯懦的人，他害怕承认自己不会游泳。他不顾一切跳入水中并没有克服他心中的怯懦，相反，他不敢面对现实的心理反而得到了强化。

怯懦这一性格特征破坏了人与人之间的关系。一个老是为自己言行担忧的怯懦的人无暇顾及别人的感受，他甚至会牺牲别人的利益以赢得自己的尊严。怯懦的性格特征带来的是个人主义、争强好胜的人生态度，这种人生态度虽然不足以消除对别人意见的恐惧，却能成功地毁坏社会情感。一个懦夫总是害怕遭到别人的嘲笑、蔑视或贬低。他终日生活在敌意之中，从而形成了多疑、嫉妒和自私的性格。

有这种性格的孩子通常会变成尖酸刻薄、挑剔自私之人。他们极少开口赞美别人，当别人得到赞美时，他们就会心存不满。如果一个人追求卓越的手段不是成就自己而是贬低别人，这就充分证明他是个怯懦的人。如果发现儿童有对别人产生敌意的念头，教育者就有责任去消除儿童对别人的敌意。但如果教师没有发现儿童有此类问题，那么矫正儿童的不良性格特征就无从下手了。教育儿童的正确方法是：告诉他们，期望不通过努力就得到别人的尊重是错误的想法。教育者有责任帮助儿童培养与其他孩子之间的友好感情，教导他们：无论别人是做错了事，还是成绩不够优秀，我们都不应该轻视他们。否则，就会造成孩子的自卑情结，使孩子丧失对生活的勇气。

一个孩子如果被剥夺了对未来的希望，那么就会从现实中退缩，从生活消极无用的方面寻求补偿。教育者的主要任务，即他们神圣职责，就是确保每个学生都拥有对抗困难的勇气，并帮助那些初入校园就灰心丧气的孩子重新建立自信心。这是教师的职责所在，因为只有在充满希望与朝气的儿童身上，教育才有可能获得成功。

对于有些雄心过大的孩子来说，丧失信心只是暂时的。虽然他们一直在进步，但他们终将在面临职业选择那一刻丧失所有信心。还有一些雄心过大的孩子，一旦没有取得理想的成绩，就会在很长一段时间里都是灰心丧气的状态。这可能是因为潜藏在孩子内心的理想与现实的冲突忽然爆发了。这时，他们可能会表现得不知所措，或焦虑不安。此后，如果他们这种气馁的情绪没有及时得到疏导，他们就会变得有始无终，长大后演变为频繁地更改工作。因为他们认为自己不能圆满地做好一件事，总是害怕遭遇挫折失败。

儿童对自己的评价也非常重要。如果采取简单的问答方法，我们并不能了解孩子对自己的真实评价。无论提问的方式多么巧妙，我们只会得到模棱两可的回答。有些儿童觉得自己举重若轻，另外一些则认为自己一文不值。我们只需对后者稍加观察就会发现，在这些孩子耳边经常会听到“你怎么这么笨！”或者“你真是一无是处！”这样的评价。

大部分儿童都会被这种带有贬低意味的评价深深伤害，还有一部分儿童会通过贬低自己能力的方式来保护自己。

既然问答的方法不能使我们了解儿童对自己的真实评价，那么我们可以通过观察的方法了解他们是如何面对所遭遇的难题的。例如，他们面对困难是迎难而上、勇敢自信，还是裹足不前、优柔寡断。后者是缺乏信心和勇气最常见的表现。这种类型的儿童在面对困难时，往往最初会表现得勇气十足，不过，当他和困难短兵相接的时候，他就会变得缩手缩脚，和困难保持一定的距离。他们有时被认为是懒惰，有时则被认为是心不在焉。这两种形容虽然不同，但本质是一样的。他们不像正常儿童那样竭尽全力地去解决问题，而是把时间和精力都花在遇到的困难和障碍上面。有时候，儿童会欺骗家长，使他们误以为这些儿童缺乏能力和天赋。但如果我们了解情况的前因后果，并结合个体心理学的基本原则分析，我们会发现，这些儿童的问题是缺乏自信和勇气，他们总是过低地估计自己。

我们探讨追求优越感的问题的时候，发现个体会偏离追求优越感的正

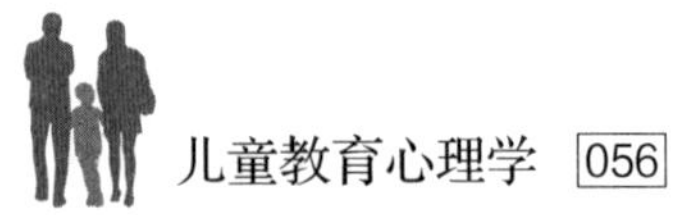

确方向。一个完全以自我为中心的人是社会生活中的畸形人。生活中，我们常常见到有些奋力追求优越感的孩子，完全不顾及别人的感受，敌视别人，违反社会规范。

不过，即使是在那些行为恶劣备受指责的孩子身上，我们也能发现一种绝对的人性特征：他们知道自己是社会中的一分子。虽然这些孩子的行为总是与共同合作的想法相去甚远，我们很难从他们身上发现社会情感，但是，他们的自我和世界的关系始终以某一种形式表达出来。

自卑的表现

自卑感的表达方式有很多，孩子的眼神只是其中一种。眼睛这一器官不仅仅可以用来感知光线、探测环境，它还能满足社会交流的需要，一个人看向对方的眼神就能显示出他与对方的亲密程度。这也是心理学家和作家都非常重视眼神的原因。眼睛是心灵的窗户，我们可以根据别人打量自己的方式来判断他对自己的看法。尽管有时判断会出现误差，但从一个孩子的眼神来判断他是否友善还是一件比较容易的事。

众所周知，那些不敢直视大人眼睛的孩子都心存疑虑，但这并不代表他们品德缺失，或者沾染了什么不良习性。他们回避眼神只是表明他们不想与别人接触哪怕只是短暂的一小会儿，这也显示了这类孩子并不合群。当你招呼一个孩子过来时，他靠近你的距离也是类似眼神回避的信号。许多孩子会先保持一段距离，观察一下情况如何，然后决定在必要的时候才接近你。他们对亲密关系始终保持疑虑，这可能是因为曾经有过不愉快的相关经历。因此他们将自己片面的认识普遍应用到生活之中。还有一种有趣的现象是，一些孩子喜欢将身体亲近自己的父母或教师，亲近的人对他们来说很重要。

有些孩子走路时昂首挺胸，而且声音明亮、落落大方。这无不显示出他们卓著的信心和勇气。而有些孩子在和别人说话时表现得唯唯诺诺、胆怯退缩，其实是他们的自卑感的显现，他们无力应对这种处境而感到惶恐不安。

在探讨自卑情结时，经常有人会持有“自卑情结与生俱来”的观点。其实，一个小孩不管他多么坚强勇敢，我们都有办法能使他变得胆小怯懦，勇气消散。这一事实就反驳了上述所谓自卑是与生俱来的观点。父母的性格中如果有胆小怯懦的特点，那么孩子很可能也是如此。但这并非出于遗传，更大的可能是他们受父母怯懦的家庭环境的影响。家庭环境和父母性格对孩子的成长和发展意义重大。那些在学校表现孤立、不合群的孩子，他们所在的家庭成员也都不大与人交往。这自然会让人联想到是性格的遗传在作祟，其实不然。一个人无法和别人进行正常交流，并不能归因为人体的大脑或者器官的物质变化。当然这方面的变化并不绝对造成孩子落落寡合的性格，但却有助于我们了解这个特征的孩子。

我们可以通过一个简单的案例来理解这种事情。一个小男孩生下来就有器官缺陷，曾长期身染疾病，深受病痛折磨。这个孩子因此沉溺于自己的心事之中，觉得自己生活在一个充满敌意和冷漠的世界里。此外，一个身体孱弱的孩子必须依赖别人的悉心照顾才得以生存。正是由于这种依附关系，使孩子产生了一种强烈的自卑感。而且，孩子和成人之间的确有着身体与力量上的巨大差异，孩子经常听到的言论就是“孩子只应该被看顾，不应该被倾听”，这种观点更加强化了他们的自卑感。

所有这些生活成见都促使儿童认为，他的确处于弱势地位。他无法接受自己比成人身材矮小、力量薄弱的事实。他越是在意自己处于弱势地位的事实，他就越想摆脱这种处境，努力去弥补不足。他追求别人的认可从而又成了一份额外的动力。不过，他却并没有和周围的人和谐相处，而是自己定下了这样的待人处事原则：“一切以自己的利益为主。”独立孤僻的孩子就属于这一类。

一般来说，自卑感深深扎根于那些体弱多病、身患残疾和相貌丑陋的孩子的内心，这种自卑感通常在两种极端的方式中显露出来。他们与人交谈时，要么退缩回避，要么咄咄逼人。这两种表现看起来大相径庭，但其根源却如出一辙。他们言辞锋利或闪烁，都是为了追求别人的关注和认可。他们几乎没有社会情感，这是因为他们已经对生活绝望，并且认为自己没有能力为社会做出贡献；另一种可能是他们想将自己的社会情感运用到个人目的之上。他们希望成为领导者和英雄人物，备受世人瞩目。

一个孩子如果多年以来都是沿袭着错误的方向追逐目标和生活的，我们就不能期望只通过一次谈话就将他引入正途。教育者要有耐心，教师需要具备足够的耐心。如果孩子在进步的路上出现了阻碍，那就应该向他阐明一个道理：成功不可能一蹴而就。这样的解释能够让他安心，不至于灰心丧气。如果一个孩子两年来数学成绩一直很差，那么不必奢望他能在两周内把成绩搞好。这是一个时间的问题，努力把成绩提高上去是需要时间的。一个有信心有勇气的孩子能够弥补很多问题。我们反复说明，一个孩子能力的欠缺是因为总体人格的发展走上了错误的道路，他的人格结构因此变得笨拙而失常。能帮助这些有行为问题的儿童取得效果，是因为他们没有智力上的问题。

孩子能力欠缺，或表面上的愚蠢、笨拙、冷漠并不能成为他智力有障碍的有力证据。弱智儿童的大脑发育不正常且总是伴有身体上的缺陷。因为造成大脑发育不健全的腺体也会影响其他身体器官的缺陷。有时，这些身体上的缺陷会随着时间的消逝而消失，留下的只是它们在心理上造成伤害的痕迹。举例来说，曾经因为体质孱弱而虚软不堪的孩子，在他们恢复体力之后，依然会表现得相当虚弱。

我们可以进一步探讨，孩子心理上的自卑感和自我意识的形成，可能与身体缺陷或体质虚弱无关，孩子的成长环境也会造成同样的心理问题。例如，家长教育孩子时缺乏慈爱或者管教太严，对孩子来说都是不恰当的。在这种环境中成长的孩子会觉得，生活就是一场苦难，他对周围的环境也会保持敌对的态度。这样说来，由家庭环境产生的心理缺陷和由身体问题引发的心理缺陷，即使不同，也是类似的。

可以想象，要治愈那些在严厉苛刻的家庭环境中长大的孩子确实是一个难题。他们会以一贯的敌对态度看待我们，我们采取的为督促他们学业进步的任何举措都会被他们理解为对他们的压制手段。他们总是感觉受到束缚，稍有机会就会反抗。对于他们的伙伴，他们也不能保持一种平常的态度，因为他们对那些曾经过得比他们幸福的孩子充满嫉妒。

这些心怀怨恨的孩子通常会有一种破坏别人生活的阴暗性格。他们没有足够的勇气去应对环境，因此，他们试图通过欺压弱小来补偿他们的无力感。只有别人对他们的控制表现得温顺的时候，他们的友好态度才得以持续。这类孩子有的甚至发展到只和比自己的处境弱的孩子交往，正如有些成年人尤其愿意与那些遭遇不幸的人交往一样。或者这些孩子还偏爱与那些比他们年幼、比他们贫穷的孩子交往。这种类型的男孩有时愿意与那些非常温柔、顺从的女孩交往，这不是因为异性相吸，而是出于一种补偿心理。

第六章
防止儿童出现自卑情结

影响儿童成长的决定性因素既不是天赋，也不是客观环境，而是儿童对外在环境的评价，以及他们对自身与现实世界关系的看法。

儿童对外在环境的评价

如果一个孩子花费了很长时间学习走路，而最终能够正常行走，那么这个孩子一般不会形成影响他以后生活的自卑情结。但是，对于一个其他方面都发育正常的孩子来说，他经历的不能正常行走的这段时间会给他留下深刻的印象，即使他的症状会随着时间的消逝而消失。许多曾经身患佝偻的儿童，即便后来病症痊愈，这个疾病带来的生理痕迹依然存在：罗圈腿、头部畸形、行动笨拙、脊骨弯曲、膝盖肿大、关节无力、体态不良等。这些儿童在患病期间形成挫败感和悲观的人生态度会伴随他们一生。

影响儿童成长的决定性因素既不是天赋，也不是客观环境，而是儿童对外在环境的评价，以及他们对自身与现实世界关系的看法。孩子与生俱来的能力并不能决定一切，而且，我们从成人的角度对孩子处境的评价也不重要。关键在于，我们应该站在孩子的角度来评估他们的处境，以他们错误的判断理解他们的情况。我们不要期望孩子会按照成人的判断标准来行动，期待他们永不出错，而是要认识到，孩子在理解自己的处境时会经常发生错误。因此，那些相信孩子的性格特征是与生俱来的人，就不应该从事教育孩子的工作。

常言道，健康的心灵与健康的身体总是相伴而生的。其实未必如此。健康的心灵也可能寓于有缺陷的身体之中，只要他能鼓足勇气面对生活的困难。相反，如果一个孩子器官完好、身体健康，但他遭遇了不幸的经历，并由此对自己的能力产生了错误看法，那么，不健康的心理也会因此而生。这类孩子对困难异常敏感，任何一个挫败都能成为他们无能的证据。

有些孩子除了学习走路时会有困难，学习说话也会遇到障碍。孩子学习说话和学习走路经常同时进行。毋庸置疑，说话能力和行走能力之间毫无关联，但家庭环境和家庭教育却对这两方面影响深远。有些孩子本来没有语言障碍，但由于家长忽视对这方面的教育，他们便出现了说话障碍。毫无疑问，那些生理发育正常并没有器官缺陷的人，到了一定的年龄自然就掌握了说话的能力。但还有一些特殊情况，那些视力极为敏锐的孩子，说话时间可能会延后。还有一些其他情况，例如，父母对孩子过分宠爱，在孩子说话之前就得知了他们想要表达的意思，代替他们说了出来，这同样会阻碍孩子说话能力的发展。这样的孩子则会经历很长一段时间的牙牙学语，甚至他们一度被认为有听力障碍。这种孩子一旦学会说话，他们就会非常乐于表达并且能言善辩，有些甚至能够成为演说家。音乐家舒曼的妻子，克拉拉·舒曼直到4岁还不会说话，8岁的时候，也只能说些只言片语。她是一个特别古怪的孩子，性格内向，喜欢待在厨房消磨时光。我们可以由此推断出她没有获得足够的关注。她的父亲认为，“令人惊奇的是，这孩子如此明显的精神异常，却是她那和谐顺遂一生的开始。”克拉拉·舒曼的情况就是一个过度补偿的例子。

值得注意的是，聋哑儿童应该得到特殊的训练与教育，因为他们这种情况还算少数。无论孩子的听觉存在多大的缺陷，他尚余的听觉能力都应该得到最大限度的开发。大卫·卡茨教授曾经用实例证明，那些被认为缺乏音乐听觉的人，经他开发训练，将他们引入了能够全面欣赏音乐和声音的道路。

通常情况下，当一个孩子的大部分科目都比较优秀，但只是某一个科目——通常是数学——成绩不尽如人意时，他们的智力就会遭到怀疑。那些算术不好的孩子，一旦被这一学科难住，就不再愿意在这方面继续努力。但在一些家庭中，尤其是艺术世家中，他们往往以不懂计算为荣。除此之外，还有一种普遍的谬论认为，男孩比女孩更擅长数学。但事实并非如此，我们发现，许多女性都成了优秀的数学家和统计学专家。女孩听到人们常说的论调就是，“男孩比女孩更精于计算”，她们听到这种话自然会对数学失去信心。

还有一些学科也是如此。作家通常会把存在于内心的声音与意识写在纸上表述出来，以此给予作者一种安全感。画家则是用线条和色彩将转瞬即逝的光学印象保留在画卷上。体操和舞蹈的从事者则表示达到了一种身体的安全感，而且由于这种对身体有把握的控制，也提供了一种精神上的安全感。这也许就是很多教育者热心运动的原因吧。

如果孩子在学习游泳方面有障碍，这往往是孩子自卑感的迹象。如果孩子能够轻易地克服学习游泳的困难，那么这也是他克服其他困难的一个好兆头。但如果孩子在学习游泳时遇到了很大的障碍，就意味着他对自己和游泳教师都没有信心。值得注意的是，很多刚开始学习游泳很吃力的孩子，最终都成了游泳健将。这些孩子对最初学习游泳时所遇到的困难耿耿于怀，当他们一旦学会游泳，便自觉受到鼓舞，在游泳方面极力追求尽善尽美，他们也因此成了这方面的佼佼者。

忽视与宠溺

一般来说，孩子通常最依赖自己的母亲，否则就会和家庭中的另一个成员建立亲密联系。每个小孩都具备这种依赖能力，除非他有智力障碍。如果一个孩子由他的母亲抚养长大，但却和家庭里的另一个成员更加亲近，那么我们就应该好好找找原因了。很明显，任何孩子都不应该把自己的全部兴趣和注意力都放在母亲一个人身上，母亲的责任就是将孩子的兴趣和信任扩展到其他人那里。通常，祖父母在孩子的成长中扮演着溺爱孩子的角色。他们往往不会拒绝孩子们的请求，因为他们想在孩子心里占有一席之地。那些在祖父母家中生活过的孩子不愿意回到家里，因为他们在祖父母家饱受宠爱与纵容，他们不愿再忍受家中严苛的纪律和约束。这些孩子回到家之后就会埋怨自己家里没有祖父母家里舒服。我们在这里强调祖父母在孩子成长环境中扮演的角色，目的是在研究某一特定类型的孩子时能够结合考虑这些因素。

如果一个身患佝偻病症的孩子在接受长时间的治疗之后，孩子因佝偻病而引起的行动笨拙的情况（参见“附录1　个人心理问卷”的第二个问题）依然没有好转，那么很有可能是他在病中被宠爱太过、关照太多的缘故。母亲们要学习教育的智慧，即使是对待需要特殊照顾的患病中的孩子，也不能抹杀他们的独立性。

孩子是否制造了太多的麻烦（参见“附录1　个人心理问卷”的第三个问题）是另一个重要的问题。如果事实如此，那我们就能够肯定是母亲溺爱孩子了。她没有培养孩子的独立性。孩子通常会在睡觉、起床、吃饭或洗澡的时候表现出他们制造麻烦的迹象，他们也可能会做噩梦或者尿床。孩子所有制造麻烦的这些行为只是为了得到某个人的注意力。甚至可以说孩子不断地制造麻烦，只是在寻找控制家人的武器。如果孩子有类似的表现，那么毋庸置疑，这个孩子的成长环境是存在问题的。此时的惩罚是没有效果的，这些孩子甚至会故意招惹父母来惩罚他们，以此证明他们不惧怕惩罚。

目前，要正确回答儿童的智力发展程度这个问题，仍然具有一定的难度。有时人们会比照“比奈—西蒙量表”来测试智力，但测试的结果也并不总是可靠的。其他的智力测试也是如此，儿童的智力是会发展变化的。一般来说，儿童的智力发展很大程度上是由家庭环境决定的。良好的家庭环境能给孩子提供在身体和智力发展上的帮助，一般身体发育良好的孩子通常在精神上也能得到较好的发展。不幸的是，那些精神发展顺利的儿童往往会被预先安排从事脑力劳动或对素质有高要求的职业，而那些精神发展迟缓的孩子则会被安排到体力劳动的职位上。有些国家为那些智力或精神发育缓慢的儿童设立专门的班级，我们可以发现，这些学生往往来自贫困家庭。由此可知，如果那些出生在贫困家庭的孩子能够拥有较好的物质条件，那么，他们也能够做出一定的成就。

社交中角色扮演

一个值得关注的问题就是，儿童是否会因为受到别人的取笑而变得灰心丧气。一些孩子能够消解别人的嘲笑带来的烦恼，而另一些孩子却很可能因此丧失勇气。后面这类孩子会回避困难，把精力放在一些浮于表面的事情上。如果一个孩子和别人相处时总是处在斗争状态，且担心如果自己不主动出击就会遭受伤害，那就表明他对所处的环境充满敌意。他觉得听话、顺从是卑下屈辱的表现。按照他的理解，有礼貌地回应别人的问候也是屈辱的行为，因此他总是表现得傲慢无礼；他也从来不在人前抱怨，因为他把别人的同情视为奇耻大辱。他从来没有在人前落泪过，甚至在本该哭泣的时候大笑起来，因此给人一种缺乏感情的冷酷印象，事实上，这正是他脆弱的表现。任何一种冷酷的行为背后都藏匿着某一个秘密弱点。真正强大的人是不会对冷酷产生兴趣的。这些对抗性极强的孩子经常不修边幅，他们习惯性地咬指甲、抠鼻子、顽固不化。他们需要得到鼓励，我们应该明白，在这些不雅的举止背后隐藏着他们害怕表现出虚弱一面的恐惧。

还有一个问题就是，孩子能否和别人友好相处，他在社会交往中扮演的是领导者还是追随者的角色。这个问题和孩子的社会情感发展程度或是否拥有信心相关，更与他是偏向于顺从还是征服的欲望有关。如果孩子喜欢独处，这就表明他在竞争关系中对自己没有足够的信心，他对优越感的追求过于强烈，他害怕和伙伴在一起时无法起到主要作用。有收集物品爱好的孩子，其实是在显示他们想增强自己的能力，超越别人。这种孩子处于危险的边缘，这种想要超越别人的想法很容易发展过头，使他们变得野心膨胀、贪婪无度。如果他们感觉自己被人忽视，就很容易做出偷盗的行为，因为他们比孩子更加敏感，更加在意别人是否关注他们。

这个问题涉及了解孩子对学校的态度。我们应该留意孩子在上学时是否表现得拖拉反感，对上学这件事是否表现得情绪激动（这样的激动通常是拒绝上学的标志）。孩子对学校的恐惧害怕会以多种形式表现出来。当他们接到学业上的任务时，他们就会表现得容易生气愤怒，还会神经紧张，因此产生心悸。有些孩子甚至会在器官上表现出变化。

孩子的功课是主动、自愿完成的，还是在家长的强迫下完成的？忘记做学校布置的功课表明他有逃避责任的倾向。孩子功课不好或者在做功课时表现得异常烦躁，都是孩子逃避上学的典型表现，因为他对其他事情更感兴趣。

孩子是否懒惰？如果一个孩子在学校里成绩远落后于别的孩子，那么他宁可被认为是懒惰，而不是无能或者没有天赋。正如我们上面讲到的，一个懒惰的孩子一旦小有成就，就会得到赞美，并听到这样的评价："如果他不懒惰，没有什么事是他做不到的。"孩子对这一说法感到心满意足，因为听到这种言论，他觉得自己不再需要证明自己的能力与天赋了。这种类型的孩子还有以下负面特征：缺乏勇气、精神不振、三心二意、缺乏独立性。还有那些扰乱课堂秩序以吸引别人关注、哗众取宠的孩子也属于这个类型。

孩子对教师保持怎样的态度？这并不是一个容易回答的问题。孩子一般会隐藏对教师的真实感情。如果一个孩子总是喜欢批评并羞辱自己的同学，我们就可以认为孩子刻意贬损别人的行为其实是一种缺乏自信的表现。这类孩子傲气凌人、挑剔自大，常常自以为是。他们实际上是用这种方式将自己的弱点遮掩起来。

最难应付的是那些无动于衷、消极冷漠、总是处于被动状态的孩子。他们戴上面具，将自己的在乎遮掩起来。这种孩子一旦失去对自我情绪的控制就会勃然大怒，甚至会采取自杀手段。他们从来不会主动做事，只完成被要求去做的事情。他们没有足够的勇气去面对困难，害怕失败，总是高估别人，低估自己，因此他们需要得到鼓励。

其实，那些在体育项目上大展身手的孩子往往也想在其他领域一展风采，他们不去做只是害怕失败罢了。那些喜欢读书，阅读量远远超过一般儿童的孩子往往缺乏勇气，他们有的只是希望通过阅读赢取力量。这样的儿童虽然想象力丰富，但是却不敢面对现实。此外，观察孩子喜欢的书的类型也很重要，小说、童话、传记、游记还有客观的科学作品都是很好的阅读题材。处于青春期的孩子很容易被色情题材的图书吸引。为了抗衡那些对孩子有害的影响，我们可以采取以下手段：帮助孩子为成年人的角色做准备，对孩子进行早期性启蒙教育，父母与孩子建立起友好关系。

这个问题涉及家庭的情况，即家庭成员是否患有疾病，例如，酒精中毒、神经病、肺病、癫痫病等。详细了解孩子的身体发展状况也非常重要。当孩子用嘴呼吸时常常带有一副傻样，这很可能是鼻息肉和扁桃体肥大造成的，它影响了孩子的正常呼吸。在这种情况下，动手术消除呼吸的障碍非常有必要，因为这会使他相信，手术后的治愈能够帮助他获得应付学业的勇气。

家庭疾病会妨碍孩子的健康成长。患有慢性病的父母往往会给孩子带来严重的心理负担。如果家庭中有神经病患者，这种疾病会给整个家庭带来阴霾。尽量不要让孩子所在的家庭中存在神经病患者，人们迷信地认为，这种疾病是会遗传的。其他如肺病和癌症等疾病也是如此。所有这些病患都会给孩子带来难以平复的负面影响，如果有条件的话，把生活在这种环境中的孩子转移出去会对他的成长有很大的帮助。家庭中慢性酒精中毒和犯罪倾向就像有害毒素，孩子很容易被浸染，对于毒素无力抵挡。癫痫病患者经常表现得暴躁易怒，从而破坏了家庭的和谐。但最严重的疾病是梅毒。身患梅毒的孩子一般身体都很虚弱，他们遗传了这一疾病，难以应付生活中的琐事，常常对生活表现出悲观态度。

我们不能忽视的事实是，家庭的物质条件会影响孩子的人生观。相对于那些家境优越的孩子，那些出身贫困的孩子会有一种匮乏不足的感觉。那些原本生活在物质相对富足的家庭中的孩子，一旦家道中落，失去往日的舒适，往往难以应付生活。如果祖父母的家境比父母要好，那种失落感就会加深，就像彼特·金特摆脱不掉这样一种痛苦的困惑：他的祖父权势显赫，能力非凡。而他的父亲却默默无闻，一事无成。这时孩子就会变得异常勤奋，这一行为也是孩子抵抗父亲懒惰的一种表现。

如果孩子初次接触死亡的时刻过于突然，那么将会给他们留下一生也难以磨灭的震撼。一个对死亡毫无所知的孩子忽然面对死亡，他会诧异于生命终会有走到尽头的时候。这种认识可能让他们变得灰心丧气，至少胆小怯懦起来。我们能够从医生的人物传记那里了解，很多医生决定从事这一职业的契机，大多是因为他们过早地接触了突如其来的死亡，这也从一个侧面证明了死亡对人的影响有多大。因此，避免让孩子与死亡不期而遇是正确的，因为他们还没有明白死亡究竟是怎么回事。孤儿或继子通常会把他们的不幸归咎于父母的死亡。

我们还需要了解父母对孩子教育的严宽程度。个体心理学不主张采取太过严厉或是太过温和的方法教育孩子。正确的做法是，理解孩子的观点，使他们形成正确的价值观，鼓励他们勇敢地面对问题和解决问题，并培养孩子的社会情感。如果父母对孩子过于严厉，只会给孩子造成伤害，使他们完全丧失斗志。如果父母溺爱孩子，就会助长他们依赖别人的习性，加强他们的依赖心理。因此，父母既不应该用浪漫美化现实，也不应该用悲观的词语来形容这个世界。他们的职责就是帮助孩子做好面对未来的准备，能够从容地照顾好自己。那些没有接受过预备教育的孩子，在遇到困难时只会一味地退缩，从而使自己的生活范围越来越小。

我们还应该知道管教孩子的人是谁。这个人可以不是孩子的母亲，但必须由熟悉且擅长管教的人担任。教育孩子最好的方式就是在合理的范围之内让他们从实践中学习，如此一来，孩子的行为就不再是受别人强迫和限制的结果，而是遵循了客观事实之间的逻辑。

这一问题涉及孩子在家庭中所处的位置。孩子在家庭中的地位对孩子的性格发展意义重大。家中的独生子女往往都处于一个比较特殊的位置，只有兄弟的独生女和只有姐妹的独生子在家庭中的地位也同样特殊。

如何看待孩子职业的选择，这同样是一个特别重要的问题，因为它会显示环境对孩子的影响，从这一问题我们可以看出儿童的勇气和社会情感的发展程度及他们的生活节奏。

孩子的幻想以及童年记忆一样富有意义。那些能够理解孩子童年记忆的人通常能够发掘出孩子的整个生活方式。梦境也能显示出孩子的发展方向，显示出他们在遇到困难时是努力解决问题，还是逃避问题。我们还应该了解孩子是否有语言障碍，是相貌丑陋还是相貌英俊，是身材优美还是身材不好。

个体心理学还有以下问题需要探讨，例如孩子是否公开谈论自己的情况。有些孩子个性张扬，喜欢吹嘘自己，以补偿他们的自卑感。有些孩子则少言寡语，很少谈论自己，因为他们害怕自己处于弱势，暴露自己的缺点，因此遭受新的伤害。

还有就是，如果一个孩子在某一科目比如音乐或绘画获得成就，我们应该借此鼓励他们在其他领域也多加尝试。

如果孩子到了16岁的时候依然没有明确的人生目标，那么我们就可以认为，他们对自己没有信心，我们应该给予他们相应的帮助。除此之外，我们还应该关注孩子家庭成员的职业，还有其兄弟姐妹的社会地位的差异以及父母对婚姻的满意度。教师的职责就是谨慎行事，切实了解孩子的周边情况，教师可以通过问卷调查的办法来了解他们的情况，并据此对他们行为上的误差进行矫正。

第七章

社会情感和儿童成长的障碍：儿童在家庭中的地位

在社会生活中，人的能力和成就的发展走向都是以社会情感为基准的。社会情感直接影响这类人的思维逻辑和语言能力的发展。婴幼儿和接受教育的儿童时期是心理和生理的成长阶段，也是人生中最需要保护的阶段，是促进和培养社会情感的最佳时机。

儿童对社会情感的心理诉求

不同于我们在之前几章所讨论的追求优越感的案例，我们在许多儿童和成人身上也会发现这样一种心理诉求——他们想将自己和别人联系起来并与别人建立一种合作关系，切实履行自己的职责，然后使自己成为一个对社会有用的人。对于这一现象，我们可以用社会情感这一术语加以概括。那么，社会情感的根源是什么？对于这一问题，人们众说纷纭，颇有争议。但是根据本人迄今为止的发现，社会情感和人的定义有着密不可分的联系。

我们也许会好奇，社会情感是否比人对优越感的追求更加接近人的天性。我认为，这两种心理在本质上是相同的，社会情感需求和对优越感的追求都建立在人性的基础上的。两者都是出于寻求别人肯定的欲望的表达，但这两种表现采用的形式不同，这是因为人们对人性本来就持有两种不同的假设。追求个人优越感涉及的假设是个体不依赖群体，而社会情感需求的人性假设则是，个体是在一定程度上依赖群体和社会的。前一种假设更为合理，在逻辑上也更能成为核心观点，后者则是一种较肤浅的一种假设，即使它作为一种心理现象在个体生活中更常见于个人。

如果想知道社会情感在何种意义上是合乎真理和逻辑的，我们只需要钻研人类历史发展史就会发现，人们总是喜欢以群居的形式生活在一起。这一事实有着合理的解释，因为任何一种力量薄弱的动物都会抱团取暖，以求自保。如果将人和狮子做比较，我们就能够知道，人类的生存饱受威胁。那些体型大小和人类相当的绝大多数动物，它们拥有更强大的力量，大自然赋予了它们良好的身体武装，以便攻击和防御。达尔文观察到，那些防御武器不够锐利的动物总是群体出没。比如，那些身强体壮的猩猩一般都是和配偶独居，而猿类家族中那些力量薄弱的成员则总是以群居的方式生活在一起。正如达尔文所阐述的那样，因为大自然没有赋予这些动物尖牙利爪和翅膀等，它们才组成团体一起生活以作补偿。

组成团体不仅可以弥补某种动物作为个体所缺乏的能力，还能使他们发现保护自己的新方法，这种方法可以改善他们的处境，使他们处于一个相对安全的环境中。例如，有些群居的猴群会派出一只猴子在前方侦查路段，查看前方是否安全。它们使用这种方法凝聚集体力量，以充分补偿团体中单一成员能力的不足。我们也会发现这种情形，牛群习惯集结成圆形的防御圈以抵抗那些凶猛有力的单个敌人。

研究这类问题的动物学家指出，在这种动物群体中，我们经常会发现类似于法律的制度化安排。比如，负责侦察情况的动物有自己特定的生活规则，它们稍有差错都会招致整个群体的严厉惩罚。

在历史学上，人类最初的律法跟部落里的这种“侦察者”有很多相关。那么，在动物的群居生活中我们就可以有直观的认识，就是个体的动物由于体力相对薄弱从而逐渐形成了集体意识。所以社会情感与个人能力、力量息息相关。对于人而言，婴幼儿和接受教育的儿童时期是心理和生理的成长阶段，也是人生中最需要保护的阶段，是促进和培养社会情感的最佳时机。

对比动物界，人类作为智慧生物所需要的生命孕育时间相当长，而从出生到发育成熟需要的时间是生物中最长的。婴儿刚出生时大脑发育不成熟，到学会走路需要一到两年的时间，相对于其他哺乳动物更需要父母的保护。这种保护不只是表现在身体发育上，从儿童到成长为一个独立自主的个体还需要数十年的社会学习。所以需要保护的时间也是最长的。而这种保护也是必需的，否则人类将面临灭绝的威胁。儿童的学习阶段是身体和情感相联系的阶段，在这个脆弱时期，对于发育上的不成熟，教育显得非常重要。教育的必然性源于社会群体可以克服儿童的不成熟的事实，而社会性才是教育的目的。

在社会生活中，人的能力和成就的发展走向都是以社会情感为基准的。对的之所以是对的，是因为社会群体认为它们有着积极的意义。而错的之所以是错的是因为它们在社会中引起了不利的影响。现实中，对社会大群体有益的作为总是会受到大众的赞美，而不利的事物势必遭到社会的唾弃。而这也恰恰表明了社会群体思想在我们教育过程中的重要性。

社会情感直接影响逻辑和语言能力

人类语言的发展历程说明人与人之间离不开交流，而群居也是产生语言的必要元素。假如语言没有诞生，原始人类以个体的方式独处，那就不会对语言产生需要和兴趣。同样的，孩子如果相对独处，缺乏对生活和社会的参与，那么最后不只是生活环境的相对封闭，在心理上也会造成封闭，语言能力绝对比正常人薄弱，发展相对迟缓。只有回到集体中才能恢复正常。

每个孩子的性格不同，有的孩子不善于表达，不爱好发言，严重者我们会认为孩子没有语言上的天赋。其实这些语言上有障碍的儿童往往是缺乏社会情感所致。

有一部分孩子出现这种问题的原因是被溺爱。方方面面都被父母安排妥当的行为，减少了孩子提出问题、交流的需求。或者简单一个音甚至一个动作就能满足自己想要表达的意愿，孩子就没有交流的必要。父母间接地削减了孩子接触事物的机会，使孩子的社会能力渐渐变得薄弱。

另一部分孩子是在成长过程中逐渐丧失了自信。过于严厉的挑剔甚至批评，影响了在儿童时期表达的自由度。无法畅所欲言，久而久之这些孩子养成的是过于慎重的思考和表达，表现为语言迟疑，丧失了表达自信，害怕一开口就会被嘲笑。“与其一开口就出错，被人取笑，还不如选择沉默。”最终造成了这些人心理的缺陷，在未来的生活和工作上十分被动。

使用不同语言的人的思考逻辑不同，所以逻辑和语言是密切相关的。而社会情感直接影响着二者。完全独处的人没有语言的需求，也基本用不到逻辑。相反的，生活在社会群体中的个体，需要同其他个体交流和沟通，必定离不开逻辑和语言。逻辑的目的就是促使个体发展和获取社会情感。

有的人表现出笨拙，有的人外表非主流，不同的性格往往有不同的爱好。每个人在处理问题方式上也会有所不同，可能一个人的处理方式在大众看起来不理智，但在那个人看来并没有什么问题。这种情况往往发生在总以为别人也像他们一样思考问题的人身上。说明常识在行为判断上是非常重要的。我们生活在结构错综复杂的社会，难免会遇到各种各样的问题，所以常识显得非常重要。而处在原始水平阶段或者比较落后的民族，因为他们没有我们现在社会中这么多的生活问题，所以社会情感以及常识都不相同。

社会情感直接影响这类人的思维逻辑和语言能力的发展。逻辑和语言是人类作为智慧生物的主要表现。人们在处理问题的时候必须考虑自己所生活的社会环境，用对方不能理解的语言进行交流，必然做不成任何事情。社会情感给人带来安全感，这种安全感支撑着他在当前的社会中顺利地生活。它可能与逻辑思考和生存真理带来的信任感不同，但这种安全感却是信任感的主要成分。就像数字给人们的感觉一样，数学中一个问题的答案只有一个，数字往往是精确的，对于数字我们不会怀疑，在交流中更具有说服力。我们可以从中认识到一个人数学模式的哲学和社会情感的密切关系。比如，柏拉图让从“洞穴”中走出去的哲学家再次回到“洞穴”里与众悲欢。按照他的观点，假如哲学家没有源于社会情感的安全感，那他们也无法在社会中生活。

对于安全感有欠缺的儿童在和别人合作或者自己去做一件事时，就会很容易暴露出他们在这方面存在的问题。比如这类孩子在学习上表现出偏科，对于需要逻辑思考和客观分析的学科比如物理、数学表现得力不从心。

对于道德感、伦理规则这些主要观念在儿时都以比较片面的方式接触到。对独居的人而言，他们无法理解伦理观念，觉得这没有任何意义。只有生活在群体中去考虑社会和别人的权益时，才会出现道德的观念，道德才有存在的意义。但是有的时候这个观念却很难成立，像在艺术和审美上。艺术有比较弹性的界限，它不光为群体服务，也为个体提供空间。艺术来源于生活，所以在审美上它遵循着社会的发展方向，正确的发展方向等的理解，影响了艺术的普遍性和一致性。

要确定一个人社会情感的发展情况，只能通过观察他行为表现的方式来完成。当看到一个孩子特别爱表现自己，为了突出自己不顾及别人的想法，那基本可以肯定，他在社会情感上比其他没有这么爱表现的孩子缺乏。但是在现实文化中，这种情况却是非常常见的，大部分儿童都会表现出追求优越的性格。因为人性如此，人们往往都以自我为中心，对别人的顾及永远比对自己的考虑要少，所以个体的社会情感基本不会得到充分发展。对于这种本性，道德家虽然一直加以抨击，但总是以说教的形式呈现，对儿童和成人往往都没有效果。

对于一个思想混乱，有着犯罪倾向的孩子，对其加以长篇的道德说教肯定不会有成效。应该究其心理形成的根本原因，不能以居高临下的姿态对他进行批判，而是应该以他朋友的角度去教育和影响，从而逐渐根除相关方面的有害心理因素。

家庭环境影响孩子性格和成就

儿童对事物的认知就像一张白纸，处于学习阶段，缺乏辨别能力。倘若一直处于被打击的状况，儿童难免会丧失自信。所以身边的环境对孩子的心理和性格有很大影响，他会根据自己对环境的认知来规划自己的未来。我们认为错误的东西在他那里却变成了对的，本身可以做好的事情却因为没有自信而怀疑自己的能力，甚至干脆直接放弃。这种孩子消极的心理基本都来源于成长中所处的环境对他的影响。

在个体心理学中，可以看出这样的观点：环境所产生的坏的影响最终导致孩子犯下错误。就像父母把孩子的生活处处照顾得很周到，那这个孩子往往就会很懒散。父母经常因为小事呵斥孩子，这个孩子往往就会撒谎成性，而且这些家长发现孩子说谎的毛病之后对其的言语更加苛刻强硬，结果只会适得其反。而动不动就对孩子大加夸赞的家庭，孩子长大后往往稍微做点儿什么就觉得自己很了不起，无法完全地做好一件事情。

我们可以从身边的例子中看到，大部分独生子女的性格相比家庭中有兄弟姐妹的孩子性格显得更加任性，是因为他们所处的成长环境不同，而这种家庭环境恰恰是经常被父母们忽视和误解的。长子刚出生时所处的环境也是独生子女的环境，是家里唯一的孩子。而幼子一出生所处的环境就是家里最弱小的孩子。每个孩子的成长环境不一样，家庭里两个孩子在成长的路上，哥哥年龄较大，力量各方面能力都比弟弟强，虽然都会经历生活中要面对的问题，但是幼子知道自己相比之下处于弱势，所以才会更加努力，为了弥补自己力量上的不足，往往会使出全力以达到或超越自己的哥哥。

从个体心理学中可以看出，孩子在家庭中处的位置也影响着他的成长。家里年长的孩子所达到的成就直接激励着年幼的孩子去追赶自己的哥哥姐姐，这种环境里有着各种可以刺激他向哥哥姐姐看齐的动力元素。所以，在家庭中年龄小的孩子往往会比年龄大的孩子更加勤奋和努力。而如果年龄大的孩子处处发展得比较缓慢，那幼子也就不会有那么强烈的竞争心理。

所以孩子在家庭里的位置对他的影响非常大，我们首先要了解孩子在家庭里的位置，才能进一步了解他。幼子通常也会携带他们作为幼子的性格特征和行为，但也不是完全这样，幼子往往会产生超越其他人的心理，这种竞争的心态督促着他们更加努力，不敢停歇，只有达到或超越哥哥姐姐的水平才能给自己带来满足，少做了一点就觉得自己输掉了什么。我们可以从中研究针对孩子教育的方法，比如对不同的孩子要有不同的培养方法。当使用统一的标准对孩子分类时，我们不能忘了他们都是不同的个体。

但也有一些幼子在成长中表现出另一种极端，他们面对优秀的哥哥姐姐时会感觉努力无望，从而处处消极，缺乏自信。在心理学中出现这两种差异也可以理解。因为一个内心非常渴望超越别人的人，在遇到困难的时候会更加容易被伤害。外界因素迫使自己产生的雄心，使这些孩子没有去付诸实践的动力，在遇到困难的时候往往更容易退缩。

家中第一个孩子的共性

孩子在家庭中的位置决定了他之后的性格特点，幼子会出现两个极端，长子们的性格也有很多相似之处，从中可以划分为几个主类。

我曾经下了很大工夫去研究关于长子的一些问题，但一直没有有效进展，直到一天偶然地看了冯塔纳的自传，其中有一段是讲述他的父亲。他的父亲是一个法国移民，在读到在一场波兰和俄罗斯的战役中，波兰的一万名士兵打败了五万名俄罗斯人的时候总是显得很兴奋，脸上表现出很幸福的样子。而冯塔纳对此很不理解，他认为俄军肯定比波兰军队强大，而且是在人数占优势的情况下。他觉得强者永远是强者。从这里可以推断出冯塔纳是长子的结论，因为他表现出了长子类型的独有特征。冯塔纳在回忆中讲到，在他还是家里独子的时候，是多么的受关注，享有多么大的权利，后来有了弟弟妹妹之后这些都消失了，他感到很不公平。我们在研究中会发现长子的性格特征，通常他们相对保守，崇尚专制和权利，认可规则的局限，对权位表现出发自内心的痴迷。向往曾经享有的“王位”特权，因为曾经失去过，所以表现出对权利的向往和追求。

像上面讲述的幼子的两种类型一样，长子的特征也不完全一致。有这样一个案例，一个有两个孩子的家庭，自从妹妹出生后，哥哥就一直处于被忽视的地位。这个儿童的悲剧角色由于妹妹的年轻和聪明变得无所适从和灰心丧气。处于困境中的长子的情况并不少见，从当今文化的观察中我们可以给出合理的解释。男尊女卑的世俗观念多多少少影响着当代人的认知，男孩一般更受欢迎。而长子一般都备受家长的宠爱，被寄予的期望也更高。长子在家庭中一直处于有利地位，但是有一天妹妹出现了。一直备受关注的哥哥感觉到自己的权利受到威胁，为了防止妹妹的争夺，他决定与其抗争。而妹妹处于幼子的弱势地位，这就迫使她付出更多的努力去面对问题。由于年龄差距，这种动力会一直伴随着她的成长过程。在这种环境下妹妹的进步更为迅速，当哥哥面对妹妹的优秀时很容易会感觉到一种压力，开始怀疑自己作为男性所具有的优越性，他没有了安全感。而在生理上女性会比男孩早一步发育进入青春期，这个时候男孩被这种变化带来的压力彻底击垮了，他开始不再那么努力争取，面对问题不再迎难而上，反而对自己的能力产生怀疑。他总能给自己找到放弃的理由，从而去给成长的道路设置障碍。

这种类型的长子并不少见，因为没有了自信所以干脆不再抱什么希望，负面情绪充斥着他们的生活，妹妹对他的打击影响了他在生活中的处事能力。而且他们甚至对女性产生憎恨，慢慢地开始变得孤僻，不为别人所理解，最后导致了悲惨的命运。还有更糟的情况，身边的人不理解他，父母也对此很诧异，为什么以前那么可爱的孩子变得这么堕落，为什么不像妹妹一样。最后这种状况就会变得更加严重。

还具有此类性格孩子的一种状况是一个家庭中女多男少，姐妹中间还有一个男孩。这种情况往往是女性占据着主导地位。男孩在这个家庭中通常会被众多女性宠爱，也可能是相反的情况，处处被她们排斥、挤兑。所以这种儿童未来的发展有着不确定性。不过他们之中也有共同点。在社会中有这样一种观点，男孩不能单由母亲抚养。这说的不是单纯的字面上的意思，毕竟所有孩子最初都会由女人抚养。真正的意思是男孩不能只在有女性的环境中成长。这不是歧视女性，而是反对因这种环境中导致的偏见和误解。而在只有男性环境中成长的女孩也会遇到同样的问题，这种女孩可能会受到别人的侧目，最后导致的是女孩厌恶自己的性别而去模仿男孩，最后影响她未来的生活。

女孩和男孩的教育方法一致，相信没有人会同意这样的观点。短期内可能可行，随着年龄的增长，他们之间的差异肯定会变得愈加明显。从文化起源开始，不同性别的人都担任着不同的工作，可能在不同时期会有所不同，但经过近几千年的进化基本已经定格。这是因为男女之间的身体构造不同，这也决定了他们未来的职业选择。像上述希望自己是男性的女孩，在未来会觉得那些专为女性设立的职位不符合自己的要求，并且对婚姻的观点也与大众不一致，她们在这方面表现得较强势，希望打破常规，寻求在家庭中的主导地位。同样的，一个接受女性化教育的男孩也会遇到这些问题。他们会觉得当前存在的社会文化跟自己的观点格格不入。

这里有一个值得我们注意的前提，一个人在接受幼儿教育的时候就会形成自己的生活风格。这个时候是培养他们社会情感的时机，让他们具有必要的社会适应能力。并在这个时期让孩子树立自己的世界观，因为四五岁孩子的观念会一直在未来的发展中起着影响作用。这种对外界的感知已经基本定格，在他们的成长过程中受其制约。这种心理机制和产生这种机制的行为只是一个不断重复的过程。

第八章
孩子在家庭中的位置：儿童的心理处境及其矫正

孩子的思维方式和行为模式一旦形成，将会成为一种顽固习惯，进而影响他看待世界的视角，以及同世界打交道的方式。如果他在童年时期形成的错误看法没有得到矫正，那么他长大后的行为模式将很难改变。所以，对儿童的教育应该及早进行。

儿童的自动定位

众所周知，孩子在无意识之中对他们在家庭中所处的位置的理解是一致的。在家庭中长子、次子和幺子都根据他们在家庭中所处的位置，以不同的方式成长着。孩子早期的处境对他们来说是其性格发展的一种磨炼和锻造。

对儿童的教育应该及早进行。当孩子慢慢长大，他会形成有个人特色的行为模式，这一模式会指导他的行为根据不同的情景做出相应的反应。孩子年幼时，我们不会发现他以此指导未来行为模式的端倪。但经过几年的练习之后，这种行为模式就会固定下来。孩子再也不能客观地对事物表达看法，而是受制于他对自己以往生活经验的无意识的理解。如果孩子对某一情景产生错误理解和判断，那么，这种错误的理解和判断就会决定他的行为。如果他在童年时期形成的错误看法没有得到矫正，那么即便是关乎逻辑和常识的定论也不能改变他成人后的行为模式。

每个孩子的成长过程总会印上一些具有他自己特色的东西。教育者应该对此有所了解。孩子有自己的个性，所以我们不能用千篇一律的法则来教育大多数的儿童。这也是我们采取同一教育原则对待所有孩子却取得了不同效果的原因。

如果我们看到孩子几乎以相同的方式来对同一情景做出反应时，我们不能认为这是自然法则在发挥作用；真实的情况是，当孩子们对情景缺乏理解和认识时，他们可能会犯下同样的错误。当家庭中有新生儿来临时，之前的孩子往往会因此产生嫉妒心理。对于这样说法，反驳的意见以为，这种情况也有例外，如果在新生儿降临之前，我们给孩子做好心理建设工作，那么嫉妒情绪就不会发生。在这方面存在错误观念和行为的孩子，就好比走到了山路的分岔路口，不知道何去何从。然而，他们最终将找到正确的方向，成功地抵达目的地。他们听到人们惊讶地说，“几乎所有走上这条路的人都迷失了方向。”那些看上去简单轻松的路总是以方便的优势诱惑着徘徊在路口的孩子们，以此将他们引上歧路。

孩子性格的形成还会被一些其他的情景影响。我们经常看到这样的情况，成长在同一个家庭中的两个孩子表现得一好一坏。如果我们能够做一番调查，就能得知，那个表现得坏的孩子往往对优越感有着过于强烈的渴望，他希望能够控制所有人以及周边环境。他总是在家庭中大喊大叫，以便引起别人的注意力。而那个表现得好的孩子的情况则恰恰相反，他总是表现得安静乖巧，他是家里的宠儿，也是那个表现得坏的孩子学习的榜样。父母对于孩子在同一家庭出生表现却大相径庭的情况难以理解。通过调查得知，那个好孩子发现用他良好的行为可以得到更多的认可，并且能够使自己在表现欠佳的兄弟姐妹的竞争中处于优势位置。显然，当家庭中的两个孩子之间出现了这种性质的竞争时，那个表现得坏的孩子就没有超越那个表现得好的孩子的希望了，于是，他就在截然相反的方向上努力，尽可能地调皮捣蛋。以往的经验告诉我们，这种调皮的孩子有可能会表现得比其他的兄弟姐妹更好。同时，经验还告诉我们，对于优越感的过度渴望会使他朝着某个极端的方向不断努力。这种情况在学校中屡见不鲜。

儿童行为和内心的背离

我们不可能因为两个孩子成长在同一个环境中就预言他们会变得完全相同。更何况，没有任何两个儿童能够在一模一样的条件下成长。性格良好的孩子在成长过程中也会受到不良儿童的影响。实际上，许多孩子在最初都表现得很不错，但后来却变成了问题儿童。

这里有一个17岁女孩的案例。女孩在10岁之前都表现得乖巧安静。她有一个大她11岁的哥哥，她的哥哥一直以来备受家人宠爱，因为11年来他都是家里的独子。当女孩出生时，他的哥哥并不嫉妒她，不过，他却依然以被宠坏的孩子的角色继续他的行为。当女孩长到10岁的时候，她的哥哥有很长一段时间离开了家里。女孩就替代了哥哥坐到了独生子的位置上，地位改变以后，她变得和哥哥一样我行我素起来。她家境富足，家里会满足她幼时提出的所有要求，但随着她不断长大，她的要求就不能得到全部满足了。她对此非常失望与不满，于是开始利用家庭的信用去借钱，很短的时间内，她就背上了一大笔贷款。也就是说，她开始选择另一条道路来满足自己的要求。当她的要求被母亲拒绝的时候，她就把过去的良好行为抛之脑后，不断地大吵大闹，最终变成一个令人讨厌的孩子。

从这个案例和其他类似的案例中能够得到这样一种结论：一个孩子可能会用行为良好来满足自己对优越感的追求，但当环境发生改变时，我们就不能担保这种良好行为能够保持下去。如果我们借助心理问卷所获得的信息对孩子进行深入研究，我们就会知道，孩子身上所具备的性格特点、生活风格以及他的情感发展，无一例外地服务于追求优越感、获得别人的认可与尊重和提高自身价值的行为。

在学校中我们还能遇到这种类型的孩子，他们和我们以上描述的似乎是矛盾的：这种孩子在学校总是表现得懒惰、自闭，他们对外界的批评始终表现得无动于衷。他们看似没有一点追求优越感的渴望，终日沉浸在自己幻想的世界里。如果我们教育孩子的经验丰富，就会看出，这也是孩子追求优越感的一种方式，尽管这种方式显得极其荒唐。这样的孩子对用正当途径取得成功不抱有一点信心，所以他们就逃避所有能够使自己得到提高和改善的手段和机会。他们将自己与其他人隔离开来，给人留下一种性格冷漠的印象。这种冷漠并不是他们的全部人格特征；我们通常可以发现，藏在冷漠背后的，往往是一颗颗异常敏感、脆弱的心灵，他们的冷漠只是为了规避伤害与痛苦。他们将自己裹得严严实实，这样外界的事情就无法触动甚至伤害他们了。

如果我们可以找到办法让这种孩子开口说话，那么就会发现，他们过于关注自己，每天都做着白日梦，沉浸在虚无缥缈的幻想之中，并总是把自己幻想成伟大的人物。在梦境里，我们丝毫找不到他们在现实生活中的影子。他们在梦里扮演着万众瞩目的角色，要么是仰视万物的英雄，要么是集权力于一身的君王，要么是拯救世人于苦难之中的烈士。这些孩子的救世主形象不仅展现在他们的梦境之中，在现实生活里他们也是如此。我们相信，当别人处于危险的境地时，这类孩子会挺身而出，施以援手。那些做着当救世主白日梦的孩子们，在现实生活中也会训练自己扮演这样的角色，如果他们还没有对自己完全丧失信心，一旦有这样的机会，他们将扮演这样的角色。

有些白日梦会重复出现。在奥地利君主时期，许多孩子都做着这样一个白日梦——拯救国王或王子于危难之中。父母自然不会知道孩子有着这样的幻想。那些过于沉溺在白日梦中的孩子们不能适应现实，他们往往无法将自己发展成一个有用的人。在这种情况下，现实和想象之间存在着无法逾越的鸿沟。有些孩子采取了折中的办法，他们一面沉迷于幻想之中，一面试图在现实生活中做努力。还有一些孩子则表现得很消极，他们完全不为适应现实做任何努力，而是越发地沉迷于自己构建起来的虚幻世界中不能自拔。当然，也有些孩子对于幻想世界没有一点兴趣，而是只专注于现实，即使选择书籍，他们也只读有关旅行、狩猎和历史等方面的书。

毫无疑问，一个孩子当然需要一定的想象力，但更应该接受现实。孩子看待问题的角度不同于成年人，他们看待世界非黑即白。如果要理解儿童，我们就不要忘记这样一个极端重要的事实，即孩子总是把世界划分为泾渭分明或者完全对立的两个部分（上或者下；绝对的好或绝对的坏；聪明或者愚蠢；优越或者自卑；全部或者一点没有）。摆脱这种认知方式是有一定难度的。例如，从科学的角度上区分冷和热只是温度和级别上的不同。这种思维方式不仅出现在儿童身上，在哲学思考的初级阶段我们也能发现这种思维方式。早期的希腊哲学占主导地位的就是这种绝对对立的思维方式。直到今天，有些哲学家依然以对立的方式进行价值判断。在有些人心中，生与死、上与下、男与女等都是性质对立的形式。这种孩子气的认知方式和古代哲学的思考方式之间有着异曲同工之妙。我们可以相信，那些习惯性地将世界分为尖锐对立的两个部分的人，仍然保留着儿童时期的思维方式。

理想化的思维方式

对于那些按照这种完全对立的认知方式来生活的人，我们可以用这样一句格言来描述他们的思维："不是全有，就是全无。"然而，这种思维方式在这个世界上是行不通的。不过，依然有很多人按照这种方式来生活。人类要么拥有所有，要么一无所有——这是不可能的。在这中间还存在无数的过渡层级。拥有这种思维方式的人，一方面饱受自卑心的煎熬，另一方面被自卑心驱使而变得野心勃勃。历史人物恺撒就是一个典型的例子，他在谋取王位的时候被他的朋友杀害了。孩子身上存在的古怪特征——偏激、固执等，都能在"非此即彼"的思维方式中找到根源。这里，我们可以用一个具有偏执性格特征的小女孩当作事例加以说明。有一天，她的母亲将一个橙子递到了她的手上，她接过橙子之后立即将它掷在地上，并且固执地说："你给我的，我都不会喜欢，我喜欢什么，我会自己拿！"

那些懒惰的孩子"拥有全部"的可能性不大，于是便会沉迷于"一无所有"的、虚无缥缈的幻想之中。但是我们也不能过早得出结论，说这个孩子已经无可救药。那些内心敏感脆弱的孩子很容易逃避现实，因为这些孩子不具备适应和调试能力，他们与现实世界发生冲突时，习惯性地躲进自己筑建的虚拟世界之中，以此来获得保护。不仅作家和艺术家需要和现实保持一定的距离，科学家同样如此，因为科学家也需要出众的想象力。白日梦里的幻想不过是对生活中的挫折与失败一种回避的手段罢了。纵观历史，人类的领袖人物正是那些想象力丰富，并且能够将想象力与现实结合在一起的人。他们之所以成功，不仅仅因为他们在学校接受过良好的教育，具有敏锐的洞察力，还因为他们在面对困难时具有不畏挫折的意志和勇气。从众多伟人的生平事迹中我们能够看出，尽管有些人没有足够重视现实，但他们身上的勇气和卓越的洞察力就足以使他们应付周围的世界。因此，当条件成熟时，他们的勇气就足以使他们直面现实，通过努力而取得成就。当然，想将孩子培养成伟人，在这里是没有既定模式和捷径的。但是我们要记住，对待孩子不能采取简单粗暴的手段，而是应该鼓励他们，千方百计地向他们解释现实生活的意义，以此拉近他们的理想和现实世界的差距。

第九章 作为儿童准备性测试的新环境

人格发展不是僵硬的机械决定论，而是不断持续发展的，所以我们才有可能教育和改善孩子的人格，才有可能观察到孩子在某一阶段的性格发展状况。

儿童的对抗行为

个体的心理是一个完整的统一体，个体人格的所有表达之间都是相互吻合、前后一致的。并且还是一个持续发展的过程，而不会在时间上出现突然的跳跃。人们现在和未来的行为总是和以前的性格一脉相承。但这并不意味着，个人在一生中的所有行为都是由经验和遗传来决定的。当然也不是说，未来与过去毫无联系。我们不可能在一夜之间脱胎换骨变成另外一个人，虽然我们本来就不清楚所谓的自我是什么样子的。也就是说，即使我们发挥出了我们的能力与天赋，我们依然不清楚我们身体里蕴藏的所有潜能。

正是因为我们相信人格发展不是僵硬的机械决定论，而是不断持续发展的，我们才有可能教育和改善孩子的人格，才有可能观察到孩子在某一阶段的性格发展状况。当孩子进入新环境之中，他隐藏的性格就会表现出来。如果我们可以直接对某个孩子进行测试，将他带入一个全新的环境之中，然后根据他的表现观察他们的人格发展水平。这个孩子在新环境中的行为肯定符合他以往的性格特点，于是，我们就能发现在一般情况下难以发现的他们的性格。

就孩子的情况而言，通常是在转变期——孩子开始学校生活或者家庭环境突然发生变故时，我们最有可能发现他的性格。在这个时期，孩子的性格缺陷就会暴露出来，就像一张相机底片被放进冲洗液一样呈现出清晰的图像。

我们曾经近距离地观察一个被收养的孩子。他性情暴躁，行为令人难以琢磨，桀骜不驯，难以管教。我们问他一些问题时，他没有像一般的孩子一样做出敏锐的回答，而是自言自语，说一些和问题毫不相关的话。在了解这个孩子的整体情况之后，我们得出这样的结论：尽管这个孩子已经和他的养父母相处了好几个月了，但他对他们依然怀有敌意，他不喜欢这个家庭环境。

这是我们所能得出的唯一结论。男孩的养父母对此先是摇头，他们认为自己对孩子很好。事实上，以前从来没有人对他这么好过。但这并不是问题的关键因素。我们常常听到父母说："我们想要矫正孩子的性格缺陷，对此什么方法都试过了，软硬兼施，都没有收到什么成效。"由此可知，仅仅善待孩子是不够的。虽然有很多孩子会对父母的善意有所回应，但这并不意味着他们愿意改变。孩子们相信他们当前的处境并不会因为这一点善意而有所改变，一旦这种善待消失，他们就会回到以前的行为中去。

在这样的环境中，关键是要理解孩子的所知所想，父母对他们一厢情愿的理解并不重要。我们告诉这对养父母，孩子在这里并没有感受到幸福。对于孩子的感觉是否具有合理性我们不清楚，但可以肯定的是，这期间肯定发生过什么，才导致孩子对他们的憎恨。我们对这对父母说，如果他们不能改变孩子的这种想法与感受并赢得他的爱，那么这个孩子将转交给别人抚养，因为在孩子眼中他是被囚禁了，对此他肯定会做出反抗。

后来，我们听说这个男孩性格变得更加暴躁，俨然变成了一个危险人物。如果用他能够接受的方式跟他交流，那么他的情况会得到改善。但这还不够，因为孩子还没有弄清这种情况的根源。随着我们深入考察，我们搞清楚了其中的原因。这个孩子是和养父母自己的孩子一起生活的，他认为养父母比起他更加关爱自己的孩子。这不是孩子脾气暴躁的根本原因，这个孩子不再愿意留在养父母家，因此，任何可以帮助他实现这一愿望和目的的行为都是有意义的。从他为自己设置的目标出发，他的所作所为都是非常聪明的，我们可以排除任何智力障碍的问题。一段时间以后，这对养父母也意识到，如果他们无法改变这个孩子的想法与行为，他们只能将他交由别人来抚养。

如果我们对孩子的错误行为采取惩罚手段，那么，这将成为他继续反抗的理由。这种惩罚强化了他的这种感觉，即他的反抗是正确的。我们的观点具有合理的根据。从我们的角度看，孩子的错误行为是他与所处环境互动的结果，是他从未接受过教育来应对新环境的真实反映。尽管孩子所犯的错误是幼稚的，但我们也无须吃惊，因为这种幼稚也时常出现在成年人身上。

孩子微行为中的信号

几乎还没有人深入研究过人的手势、姿势和其他不明显的身体语言。教师在这方面有着得天独厚的优势，他们可以将孩子的各种表达归结为一种图式，以此来研究他们之间的联系，从而找到问题的根源。我们必须记住，在不同环境，同一种表现形式的意义并不相同，两个孩子做同一件事，其意义也并不一样。此外，尽管问题儿童的行为差错都源于同一心理问题，其表现形式却是因人而异的。原因很简单，达到一个目的可以有很多种途径。

我们不能站在通识的角度来判断孩子行为的对错。一个孩子如果行为出现了偏差，那往往是因为他为自己设置了错误的目标。以错误目标为指向的行为无疑也是错误的。人性的奇特之处就在于，尽管真理只有一个，但人犯错误的机会和可能却数不胜数。

孩子的有些表现未曾被人们注意到，但这些表现却有其独特的意义，例如，孩子的睡姿。这里我们举一个有趣的例子。一个15岁的男孩经常做这样一个梦：当时的皇帝弗兰西斯·约瑟夫死了，他的鬼魂出现在孩子的面前，赋予他一个神圣的权利，命令他组织一支军队向俄罗斯进军。晚上我们进入他的房间观察他的睡姿，俨然一副拿破仑指挥千军万马的模样。第二天白天，我们见到他的时候，发现他的形体姿势和晚上的睡姿很相似。由此可以看出，他的幻想与现实之间是存在很大联系的。我们引导他谈话，试图使他相信皇帝还活着，他却不愿意相信。后来他告诉我们，他在咖啡厅做服务生的时候，总是有人嘲笑他身材矮小。当我们问他谁和他的走路姿势相像时，他思考了一会儿说："我的教师，麦尔先生。"这一回答证实了我们的猜想，只要把这个麦尔先生想象成拿破仑，最后的问题就迎刃而解了。最重要的一点是，这个男孩和我们说，他的理想就是当一名教师，他非常喜欢麦尔先生，私下里也会模仿他的一言一行。总而言之，这个男孩的全部生活模式都集中在他的睡姿里了。

对新环境的不适

一个新环境能够测试出孩子对新生活的准备工作做得怎么样。如果孩子准备充分，他就会满怀信心地迎接新环境。如果他的准备不够充分，那么在新环境中他就会感到紧张，这种紧张情绪会让他产生能力不足的自卑感。这种自卑感会影响孩子的判断力，使孩子对环境做出的反应不是客观准确的，即这种反应与环境对他的要求格格不入。换句话说，孩子不适应学校这一新环境，不能全部归因于学校教育的失败，还有可能是孩子没有得到充分的准备教育。

我们之所以必须考察新环境，并不是说新环境让孩子变得难以管教，而是它将孩子对新环境准备的欠缺更加清晰地显现出来。孩子每到一个新环境都在接受着对孩子准备工作的测试。

结合上面的情况，我们这里再讨论一下“附录1 个体心理问卷”中提出的几个问题。

问题一：引起孩子出现问题的原因是何时出现的？如果孩子的母亲告诉我们，孩子在入学之前表现得一直很好，那么我们得到的信息远远不止这些。也就是说，孩子难以适应学校的生活。如果母亲说“孩子在过去三年里表现一直不好”，那么，这个结论就是不成立的，我们应该结合三年前孩子的处境变化了解孩子的真实情况。

孩子丧失自信具体表现就是他不能适应学校生活。孩子在第一次遭受失败与挫折时，没能引起别人的重视，这对孩子来说可能是个灾难。我们要了解，孩子是否经常会因为成绩不好而遭受惩罚，孩子糟糕的成绩和对他的惩罚对他追求优越感会产生怎样的影响。这个孩子也许会因此觉得自己一无是处，尤其当父母习惯性地对他说“你将一事无成”或者“你长大肯定会进监狱”之类恶意评价的话。

有些孩子遭遇失败会愈挫愈勇，而有些孩子在经历失败后就一蹶不振。这些对自己和未来都不抱期待的孩子应该得到我们的鼓励，对待他们要宽容善良。

贸然地向儿童解释性方面的问题，会使孩子陷入困惑。家中其他兄弟姐妹的优异表现也会妨碍孩子的努力和奋斗。

问题二：孩子在问题出现之前，是否出现了一些反应特殊的心理或者生理缺陷的特点？也就是说，孩子对环境准备的缺失在环境变化之前是否有过一些迹象？对于这个问题，我们从家长那里得到了各种各样的答案。“孩子没有养成整理物品的习惯”，这就意味着他的母亲总是替他整理好一切。“孩子总是表现得胆小内向”，这说明他非常依恋家庭。如果一个孩子被形容为孱弱，那么我们可以推测他生来就有器官缺陷，孩子会因为身体虚弱就得到更多宠爱，也可能因为长相丑陋而被人忽视。这个问题也涉及孩子可能有轻微智障。孩子也许是因为自身身体发展缓慢，以至于被人怀疑身体发育是否正常。即使这个孩子的情况在将来有所改善，他依然会感到被过分宠爱或保护的限制。这一感觉加重了他适应新环境的难度。如果这个孩子表现得特别胆小和粗心，那么我们可以肯定他是想借此引起别人对他的关注。

如果孩子的行为举止表现得很笨拙，那么教师就应该了解孩子是否左撇子，如果孩子的笨拙表现得极为突出，那么教师就有必要了解孩子对自己的性别角色是否有清醒的认知。那些在女性环境中成长的男孩，他们不喜欢和男孩一起玩，并且经常被视为女孩，他们也因此遭到同伴们的嘲笑。他们已经习惯了女性的角色，并在以后会经历相当激烈的内心冲突。这类孩子并不清楚男女身体组织的差异，他们相信性别是可以改变的。不过，他们最终会发现他们的身体构造是不可改变的，作为对这一遗憾的补偿，他们会在服饰装扮和言行举止上反应异性心理倾向。

性别不平等带来的伤害

有些女孩厌恶女性的工作，其主要原因就是她们认为这些工作没有任何价值，这的确是我们的文明中存在的一个基本错误。男性拥有女性没有的某些职业特权，这种传统延续至今。我们的文明明显倾向于男性，它承认男性优越论。

男孩的出生往往比女孩更让家人感到兴奋，这一观点无论是对男孩还是女孩都是有不利影响的。女孩用不了多久就会受到自卑感的刺痛，而男孩则在过高的期望下承受更多的心理压力。女孩的成长会受到诸多限制，但是有些国家，比如美国，对女孩的限制已经不算明显。但在社会关系方面，即使是美国，也没有达到真正的男女平等的状态。

孩子的心理有时能够折射出人类的整体精神。接受女性角色也就意味着要承受许多艰难困苦，所以也因此经常招致反抗。这种反抗经常表现为桀骜不驯、顽固倔强、懒散怠倦，这些都和她们追求优越感的心理有关。当女孩出现这种迹象时，教师就有必要了解她是否对自己的性别感到不满。

这种对自身性别不满的想法会扩张到生活的其他方面，生活也因此变成一种负担。我们有时会听到孩子说想要搬到一个没有性别差异的星球上生活。这种想法可能会导致孩子荒谬的行动，她们可能会变得冷漠、走向犯罪，甚至自杀。如果我们对此采取惩罚手段，只会加强孩子在性别差异上的不安全感。

这种不幸的情况是完全可以避免的，如果我们能够自然得体地让孩子了解男女之间的差异，并使她们懂得女孩和男孩同样宝贵。

关于女性不能做出非凡卓著的成就的论断是毫无价值的。因为人们至今也没有引导教育女孩去做业绩卓著的事业。男人总是把需要缝补的袜子放到女人手里，并试图让女人相信这才是她们的本职工作。虽然这种情况已经有所改善，但直到今天，我们给女孩所提供的教育和准备工作中，也未曾体现出我们对她们做出卓越成就有着异常的期待。

一方面，我们不仅没有帮助女孩，甚至阻碍她们为做出非凡成就做准备；另一方面，我们还批评她们成就低微。这是一种短视，是没有看到事情的前因后果所致的。

要改变现状并不容易，因为不止父亲们认为男性持有性别特权是合理的，母亲对此也觉得理所当然。并以此教育自己的女孩说，男性的权威是正确的。男孩可以要求女孩服从于他们，女孩也应该服从。女孩长大以后，她们会形成憎恨男性权威和男性优越的观念。如果这种憎恨过于强烈，她们就会拒绝接受自己的性别，并且尽可能地去模仿男性。

在个体心理学中，这种行为被称之为“对男性的抗议”。男孩女孩的性别特征方面出现问题会使他们怀疑自己的性别，如果他们存在身体畸形或者身体发育不良等症状，这会使他们成人以后依据解剖学上的男女体质特征来怀疑自己的性别（女孩身上出现男性特征，男孩身上出现女性特征）。这种怀疑和他们体质虚弱密不可分。一个男性，如果身体构造稚嫩、发育迟缓，要比女性体现得更为明显。如果男性身上出现这种情况，那么就会被认为具有女性特征。

这种看法是错误的，因为这个男人看起来更像一个小男孩。一个身体没有得到充分发育的男人会感到痛苦，因为我们所处的文明当中，社会的理想男性形象就是身材魁梧、威武雄壮、超越女性的。同样的，一个发育不全或者长相丑陋的女孩也经常会厌恶面对生活的问题，因为社会普遍将女性的美丽看得过于重要。

人的性情、脾气和情感一般被视为第三性征。人们通常会觉得男孩生性太敏感会显得女孩子气，而女孩的自信坚强又被认为太男孩子气。这些性格特征并非他们与生俱来，而是后天在环境中习得的。拥有异性性格特征的人回忆称，他们在童年的时候就是如此，他们成人后也承认自己童年时就古怪、另类，行为举止和女孩（或男孩）无异。后来，他们按照自己对各自不同的性别理解成长起来。

通常，在一定的年龄阶段，孩子对性应该有一定程度的了解。据推测，至少有90%的孩子在父母或教师向他们解释性方面的知识之前就已经有所了解了。

对于性知识，并不存在硬性的规则，因为我们不能把握孩子对这种解释的接受和相信程度，这种解释对孩子将造成什么样的影响我们也无从得知。一旦孩子问及这方面的问题，在我们给他做出解释之前，还应该充分考虑孩子当时的实际情况。我们不太提倡过早地跟孩子解释这类问题，尽管早一点解释不一定会产生不好的效果。

问卷中还有一些问题也是比较棘手的，即收养和过继的孩子。这类孩子把自己得到善待当作理所当然，把在家庭中受到的一切严苛地对待都归咎为自己独特的处境。一个失去母亲的孩子会将自己依恋的情感转移到父亲身上。当一段时间过后，他的父亲再婚时，他会有一种被抛弃的感觉，他很抗拒和新母亲友好相处。

有趣的是，有些孩子将自己的亲生父母当作继父继母，这种态度里包含着他们对父母的抱怨和批评。在许多神话故事中，继父继母都被描述为刻薄歹毒的形象，这也使继父继母声名狼藉。

顺便说一下，神话故事并不是儿童的最佳读物。当然，也不可能完全禁止孩子阅读这类书籍，因为从这些故事里孩子能了解关于人性的东西。不过，我们应该在故事中附上评论，禁止他们阅读那些描写暴力和歪曲幻想的故事。

人们有时会运用那些描写残忍的故事，以此来让那些性情温柔的孩子变得粗犷坚韧。这又是一个源自英雄崇拜的错误做法。许多男孩都觉得同情是缺乏男子气概的感情，温柔的情感遭到嘲笑是很令人费解的。如果温柔的情感能够得到合理利用，那么这种感情无疑是很有价值的。虽然每一种情感都有可能被误用。

私生子的处境尤为艰难。那种女人和孩子本该承受这种负担，而男人则逍遥自在的说法并不公平。孩子无疑是最大的受害者。无论人们如何努力地去帮助这个孩子，他们的痛苦都不可避免，因为他们会根据环境和常识判断，他们的境遇并不正常。

私生子总是遭受同伴的嘲笑，国家的法律也使他们处境艰难，法律的约束为他们烙上私生子的印记。因为他们身份的敏感，他们很容易与别人发生争吵，并对周围世界形成一种敌视的态度，因为无论是哪一种语言，

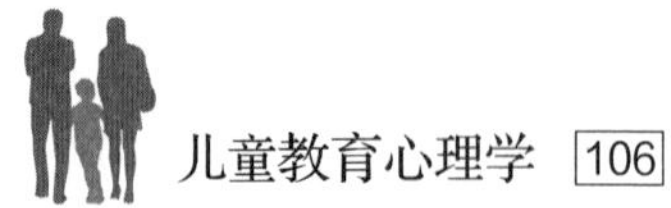

称呼他们的都是一些丑陋、侮辱性和鄙视的字眼。这就很容易理解了，为什么问题儿童和罪犯之中有很多都是私生子。孤儿和私生子的反社会倾向不是天生和遗传的，而是受后天环境影响的结果。

第十章
孩子在学校的表现

考虑到各种各样的因素对孩子入学准备产生的不良影响，仅仅将孩子的学习成绩作为判断的标准是非常愚蠢的做法。孩子的成长比成功更重要。书本学习只是学习的一部分，培养他们美好的心境更重要。

帮助孩子做好入学准备

当一个孩子初入学校学习时，他会发现自己置身于一个全新的环境。如同所有其他新环境一样，学校能够检测出孩子对新环境的准备工作做得如何。如果孩子训练有素，那么他将顺利通过这种测试。反之，如果他缺乏准备，他在这方面的弱点将暴露无遗。

我们一般不会将孩子初入校园时的心理情况记录下来，如果有记录的话，它们将会极大地帮助我们了解孩子成年以后行为的意义。这种“新环境测试”比学校的成绩测试更能揭示这些孩子的真实心理状况。

当一个孩子步入校园之后，学校对他会有什么要求呢？在学校里，他需要与教师和同学合作，还要对学校的必修科目产生兴趣。通过孩子在学校这个新环境中的表现，我们能够了解到他们的合作能力和兴趣范围，我们能够据此判断孩子感兴趣的学科，以及他是否愿意听别人讲话、是否对周围的事物感兴趣。要核实这些内容，我们需要研究孩子对待别人的态度、言行举止、肢体语言以及倾听别人说话的方式，他对待教师是友好亲近，还是避而远之等。

至于这些细节是如何影响孩子心理发展的，在这里仍然通过一个案例来说明。一个男性找心理医生接受治疗，是因为他在职业上遇到了许多困难。心理学家从他对童年的回顾中发现，他是家里唯一的男孩，从小在姐妹群中长大。他出生不久，父母就去世了。等他到了学龄，他对自己应该去读女子学校还是男子学校而感到迷茫。后来他接受了姐姐们的建议去读了女子学校。但是，没过多久学校就把他劝退了。不难想象，这件事给他带来了多大的心理创伤。

孩子是否能够将注意力集中在学业上面，在很大程度上取决于他是否喜欢自己的教师。教师的专业素质之一就是使孩子的注意力集中起来，观察学生是否能够集中精神，如果发现学生不能集中精神，那么要对他们进行及时矫正。初入学校有许多学生都不能集中注意力，他们都是被家长宠坏的孩子，被身边的众多陌生人搞得不知所措。如果恰巧教师又比较严厉，这些孩子就会表现出记忆力不太好的样子。但是，这种记忆力欠缺的情况并非我们所想的那样，因为他们对学业以外的其他事情能够做到过目不忘。当他们身处在被溺爱的家庭环境中时，他们完全可以集中注意力。这只不过是他们把所有精力都放在了被宠爱的渴望上，于是对学校的功课却总是表现得心不在焉。

这类孩子如果难以适应学校的生活，他们总是学业不精、成绩不佳，批评和指责对他们来说也于事无补。这反而会适得其反，强化他们不适合上学的想法，从而使他们以一种消极的态度对待学业。

需要注意的是，这种孩子一旦被教师争取过来，他们都会变成在学业上很努力很用功的好学生。如果学习能给他们带来好处，他们会不遗余力地去做这件事，但我们不能确保他们能够一直得到教师的宠爱。如果他们转校或者换教师，甚至他们在某一学科（数学一直都是那些被宠坏了的孩子的短板学科）上没有取得进步，他们就可能裹足不前。他们之所以无法做出持续的努力，是因为他们已经习惯别人帮他们把各种事情都准备得容易轻松了。他们从来没有被教育去发奋图强，也不知道该如何发奋图强。面对困难，他们总是缺乏耐心和毅力。

现在，我们来探讨一下帮助孩子为学校做准备的意义。如果孩子在入学准备上做得有所欠缺，那么母亲的责任首当其冲。我们知道，母亲是孩子的第一任教师，她是唤醒孩子兴趣的人，她在指导孩子把兴趣引向积极健康的方向起着关键作用。如果母亲没有做好这方面的工作，孩子在学校的表现会明显地体现出来。除了母亲的作用和影响外，还受来自孩子家庭的其他一些错综复杂的因素影响。例如，父亲的影响，兄弟姐妹间的竞争，关于这方面的内容我们会在其他章节进行分析。此外，还有一些来自家庭以外的影响，如不良的社会环境和社会偏见，这些因素我们会在下一章详细阐述。

总而言之，考虑到各种各样的因素对孩子入学准备产生的不良影响，仅仅将孩子的学习成绩作为判断的标准是非常愚蠢的做法。不过我们可以将学校成绩报告视为孩子目前心理状况的反映。这些成绩报告不仅仅是一个孩子所获得的分数，更能反映他的智力情况、兴趣范围和专注能力等。孩子在学校的学习成绩测试和智力测试之类的科学测试没有什么不同，尽管这两种测试的结构、内容并不相同，但其核心并无差异。在进行这两种测试的过程中应该注意，没有必要记录一大堆没有研究价值的事实，而应该侧重在观察孩子的精神发展状况上。

智力测试的功能

近年来，所谓的智力测试获得了长足发展。教师们相当重视这种测试的结果。不可否认，这种测试在某种情况下是有一定价值的，因为它能揭示出普通测试所不能揭示的东西。这种测试还不时地帮了一些孩子的大忙：有一个男孩因为课业成绩十分糟糕而被要求留级，但他的智力测试结果却证明这个孩子智商很高。结果这个孩子不仅没有留级，反而跳了一级。这极大地满足了他追求优越的心理渴望，从此之后，他的行为也发生了很大的改变。

我们并不想贬低智力测试的功能，我们只是想强调，如果要给孩子进行这种智力检测，无论是孩子还是父母都不应该知道测试结果。因为孩子及其父母并不理解这种智力测试的真正价值。他们认为这个测试结果代表了一种完整的评定，他们会根据测试结果来给这个孩子的未来做出判断，对孩子而言，他们的发展很可能受到测试结果的影响和限制。实际上，把测试结果绝对化的做法一直备受批评。在智力测试中取得高分的孩子，并不能确保将来会顺遂一生，相反，那些取得卓越成就的成年人，他们中的很多人智力测试的成绩并不理想。

根据个体心理学经验，如果摸索到正确的方法，我们可以提高孩子初次测试偏低的成绩。其中一个方法就是让孩子研究某种类型的智力测试题，让他掌握破解这类题型应该具备的技巧。

此外，还有一个至关重要的问题，那就是学校的日常教学对孩子将产生怎样的影响，孩子是否为沉重的课业负担所累。我们不是要贬低学校课程中的科目，也没有想要减少这些学习的科目。我们想要强调的是，要把孩子想要学习的科目连贯起来，这样孩子才能真正了解学习这些学科的目的和实际价值，才不会认为那些内容是抽象的理论知识。目前颇受争议的问题是：我们是应该教育孩子学习科目知识，还是侧重于发展他们的人格。对此，个体心理学认为，两者可以同时兼顾。

正如我们已经说过的那样，教学应该充满趣味性，不能脱离实际生活。数学（算术和几何）的教学可以结合某一建筑的风格和结构，结合居住其中的人数等一并讲授。有些科目可以结合在一起教。有一些先进的学校就有一些懂得将科目结合起来进行教学的教学专家。他们融入孩子之中，领着孩子们一起散步，试图发现孩子更偏爱哪个科目，讨厌哪个科目。他们力图把某些学习科目灵活调动起来，结合在一起一并教学。例如，在讲解植物知识的时候，将这一植物的历史、所生长国家的气候等联系起来教学。通过这种教学方式，不仅使原本枯燥无味的科目知识变得生动有趣，激发了学生的学习兴趣，而且还使这些学生能以融会贯通的方法解决问题，这也是教育的最终目的。

适当程度的竞争

有一个值得教育者注意的问题，即在学校读书的孩子都觉得自己身处于激烈的竞争环境之中。理想的班级应该是一个密不可分的整体，每个学生都觉得自己是这个整体中不可或缺的一部分。教师应该确保将竞争和个人的野心控制在一定程度。有的学生看到别人遥遥领先就会心生嫉妒，他们或不遗余力地奋起直追，或陷入心灰意冷之中，仅凭主观感受去看待事物。这也是教师的建议和指导如此重要的原因。教师一句恰当的话就可能将沉迷于竞争的学生引向互相合作的正途。

制订适当的班级自治计划对加强学生的合作精神有所助益。我们无须等到学生准备完善才去制订这项计划。我们可以先让孩子观察班里的情况，鼓励他们提出自己的建议。如果在孩子还没有适当的准备下就贸然让他们实施自治计划，我们就会发现他们的惩罚手段和力度于教师有过之而无不及，他们甚至会运用权术为自己谋求好处和优越感。

在评价孩子在学校所获得的进步时，我们应该统筹考虑教师和孩子的意见。有一个事实非常有意思，孩子在这方面有着惊人的判断力。他们知道谁拼写最好，谁最擅长画画，谁运动最出色。他们能够很好地给对方打分。虽然他们未必能够做到十分公正，但是如果他们能够意识到这一点，就会尽量做到客观公正。在评价方面最大的问题就是学生的妄自菲薄。很多学生永远觉得自己不如别人，而事实并非如此。这就需要教师矫正这类学生的错误认识，否则，这会成为孩子对自己固定不变的评价。孩子一旦有了这种看法，那么他们将很难取得进步，只会踏步不前。

在学校里，孩子的学习成绩总是分为这样几个级别——要么优秀，要么糟糕，要么居于平均水平，这种大体的格局一般不会有太大变化。这种状态与其说反映了他们的智力发展水平，不如说反映了孩子心理态度的静止惯性。它表明孩子自己局限了自己，在经过若干挫折后便不再抱乐观态度了。但有些孩子的成绩也会出现一些波动。这一事实很重要：它表明孩子的智力水平并不是天生的、一成不变的。学生们应该明白这个道理，并将这一认知运用到具体的学习中去。

遗传与成绩单

人们总是将孩子取得的优异成绩归因于他们的遗传基因，这是一种应该摒弃的迷信观念。也许儿童教育中最大的谬误就是相信能力是遗传的。当个体心理学首先指出这一点时，人们觉得这不过是我们的乐观猜测而已，并没有科学依据。不过，现在越来越多的心理学家和病理学家开始认可这一观点。当孩子成绩不如意时，能力遗传就成了教育者为孩子开脱的一种借口。在困难面前，我们应该积极寻找解决办法，努力克服困难，而不是借能力遗传的说法来逃避责任。我们没有权利逃避我们的责任，对于那些旨在推脱责任的任何观点，我们都应该持怀疑和否定态度。

一个教育工作者，如果有自己的职业信仰，相信教育能够培养性格，改善能力，那么他就不可能矛盾地认可能力遗传的观点。我们在这里并不讨论身体上的遗传。我们知道，身体器官的缺陷，甚至身体器官的能力差异都可能是遗传决定的。那么，连接器官的功能运作和人的精神能力之间存在着怎样的关系？个体心理学坚持认为，精神也在体验和经历着器官所具有的能力水平，并且，精神也要顾及器官的实际能力。但有时候，精神过多地顾及器官的作用，器官的缺陷使精神受到了惊吓，以至于在器官缺陷消除之后精神的恐惧还会持续很长一段时间。

人们总是喜欢追根究底，总喜欢探寻事情发展的根本。不过，当我们在评价一个人的成就时，这种究本寻源的癖好（即相信能力遗传）却是一种误导。这种思维方式常见的错误就是忽略了我们众多的祖先，没有考虑在偌大的家族世系图中，每一代都有父母两支旁系。这样，如果我们追溯到我们的前5代人，那么就有64位先祖，这64位先祖中毫无疑问会有一位具有聪慧才智，我们就能将后人的才能归因于这位先祖身上；如果我们上溯到前10代，那么就会有4096位先祖，这4096位先祖中必定有一位是出类拔萃的，我们就能将后人的出类拔萃归因于这位先祖身上。当然，我们应该记住，出类拔萃的先祖留给家族的遗风对孩子潜移默化的影响类似于遗传的功效。由此可见，有些家族比其他家族产生更多的才智之辈的原因显然不能再归因于遗传，而是因为家族的优良遗风。我们只要回顾一下过去欧洲的情况就能够明白这个道理，那时的孩子往往会被迫接受父辈的事业。如果我们忽略了这一社会制度的作用，那么，那些用来证实遗传作用的统计数字自然具有无与伦比的说服力。

除了能力遗传的迷信观念外，阻碍孩子发展的另一个原因则来自于成长环境，家长们总是因为孩子成绩不好而惩罚他们。如果孩子的成绩不理想，他发觉教师并不是很喜欢他。他因此苦恼不已，回到家后还会遭到父母的批评与指责，甚至有时还被责打。

教师应该清楚糟糕的成绩单会给孩子带来怎样的不良后果。有些教师以为，如果强迫孩子把自己糟糕的成绩单交给父母，那么这将督促他在学习上更加用心。但是这些教师没有考虑到有些家庭的特殊情况。有些家长对孩子的教育极为严苛，在这种家庭环境中长大的孩子会犹豫不决，他不敢将糟糕的成绩单带回家。接下来的后果可能是他根本不敢回家，甚至会做出极端的行为，带着无法面对父母的恐惧心理而绝望自杀。

教师自然不用对学校制度负责，但如果他们可以用自己的同情和理解来缓和一下学校制度非人性和苛刻的一面，那么这将是一种温和的弥补。对待那些家庭环境特殊的孩子，教师应该宽容一点，给予他们适当的鼓励，而不是把他们逼上绝路。那些在学校里成绩垫底的孩子，他们总是感到心情压抑而沉重，大家都将他们认定为成绩最差的学生，结果他们自己也会信以为真。如果我们能够站在他们的角度想一下，就能够理解这些孩子讨厌学校的原因了，这也是人之常情。一个孩子如果经常因为成绩不好而受到批评，他就会丧失在学业上的信心，他自然会讨厌学校，甚至想方设法地逃学。因此，一旦遇到孩子逃学旷课的情况，我们也不必大惊小怪。

虽然孩子出现这种情况我们不必感到惊奇，但还是应该认识到其中的意义。这无疑是一个糟糕的开始，这种糟糕的开始通常发生在孩子的青春期。为了免受责罚，他们会做出修改成绩单、逃学旷课等行径。他们会和同类学生混在一起，拉帮结派，甚至逐步走上犯罪的道路。

如果我们认可个体心理学的观点，即没有不可救药的孩子，那么，就可以避免这些事情的发生。我们认为，总能找到恰当的办法对待这些孩子。即使遇到非常糟糕的情况，也总会有解决的办法。当然，关键的是我们要去寻找。

学生留级和跳级的问题

学生留级的坏处已不用我们再一一陈列。教师一般都会觉得，让学生留级会给学校和家庭都造成麻烦。虽然情况并不完全如此，但却很少有例外发生。留级的学生的功课往往始终没有得到改善，他们的问题从来没有得到真正的解决。

什么情况下才安排学生留级，这确实是一个难题。然而许多教师能够成功地避免这个问题的发生。教师们利用假期时间帮助学生找出他们生活方式的错误，并加以矫正，从而使这些孩子得以顺利升学。如果学校有这种专门的辅导教师，那么这种方式具有良好的示范意义。社会中不乏上门为孩子进行辅导的家教教师，但却少见这种补课的辅导教师。

在德国，没有教师进行上门辅导的家教制度，我们似乎并不怎么需要这种教师。没有人会比学校的任课教师更加了解孩子的真实情况。如果他们认真观察情况，他们就会比其他人更加了解班级学生的实际情形。也许有人觉得，班级人数庞大，教师不可能细致地了解每个学生。但如果教师从学生入学就开始观察他们的生活风格，教师就能成功地避免以后观察的许多困难。即使是班级人数再多，教师同样也能做到。在儿童教育方面，了解孩子的情况再对孩子进行教育要更加容易一些。一个班级学生数量庞大并不是一件好事，这种情形应该尽量避免，好在这并不是一个难以解决的问题。

从心理学的角度来说，教师没有必要常换常新。教师最好能够跟随学生进入新的年级。如果一个教师能跟随学生们两年、三年甚至四年，这对学生和教师而言都将大有裨益。因为这样的话，教师就可以有机会密切地观察和了解所有孩子，就可以了解并矫正孩子的生活方式方面存在的问题。

还有学生跳级的情况。跳级对学生来说是否有好处，目前来说很难下定论。有的跳级的孩子往往不能满足自己由于跳级而带来的过高期望。只有那些学龄相对较大的孩子，如果他们成绩出色，倒是可以考虑让他们跳级。还有那些由于成绩不好而留级的学生，经过努力不仅将功课追赶上来，还取得了优异成绩的学生，也可以考虑让他们跳级。我们不能因为学生成绩优异或者因为他见多识广而把跳级作为对他的一种奖赏。那些学习成绩优异的学生如果把时间投入到课余爱好，例如绘画、音乐等方面，对他来说更有好处。这对整体班级来说也是一件好事，因为这对其他同学来说能够起到激励作用。将班里成绩优异的学生抽走并非益事。有人说，我们总是要为那些成绩优秀的学生提供发展空间，对此我们不能苟同。相反，我们相信那些成绩优秀的学生能够带动其他学生，整个班级才能取得更大的进步，他们是班级进步的“领头羊”。

关注儿童心理

在讨论社会教育实践方式时，我们总会遇到男女同校的问题。原则上，我们是同意男女同校发展的。这是男孩和女孩增进了解的一种好办法。不过，认可男女同校可以任其发展的观点，却是极其荒谬的。

男女同校应该慎重考虑一些特殊问题，否则，这种教育方式是弊大于利的。例如，人们通常会无视这样一个事实，那就是女孩在16岁之前要比男孩发育得快。如果男孩不能正确地了解其中的事实，他们看到女孩发育迅速，心理就会失去平衡，因此这时候大部分男孩就会和女孩展开一场毫无意义的竞争。对于这类情况，学校的管理者和任课教师都必须在他们的工作中考虑在内。

如果教师鼓励男女同校的教育形式，并且对其存在的问题有所了解的话，那么，男女同校就可以获得成功。不过，如果教师不喜欢男女同校这种体制，并感到这是一种有负担的比较荒谬的行为，那么，他们的教育必定会以失败告终。

如果男女同校的制度管理不善，又缺乏对孩子们的正确引导和教育，自然就会出现关于性方面的问题。在第十二章，我们将详细地讨论关于性的问题。在这里我们仅仅指出性教育问题极为复杂。

事实上，学校并不是对孩子传授性教育的恰当场所，因为当教师在全班学生面前讲解性教育知识时，他不能掌控某些学生的即时反应。当然，如果学生私下向教师请教这些问题，情况就不一样了。如果女孩子询问这方面的问题，教师应该给予正确的回答。

在偏离主题来讨论属于教育管理范畴的问题之后，我们再回到教学的核心问题。通过了解学生的兴趣和他们擅长的领域，我们就能找到适合他们的教育方法了。

成功会引发推进更多的成功，教育如此，人生的其他方面又何尝不是这样。也就是说，如果一个孩子在自己感兴趣的学科取得了很大的成功，他会因此受到鼓舞，并试图尝试在其他学科做出努力。教师的职责之一就是，利用孩子当前取得的成功来鼓励他们追求更广的领域、更深的学问。学生本人并不清楚这个过程和方法，不知道努力的方向与方法，这就像我们所有人从无知迈向有知时都会经历困惑一样，此时我们一样需要帮助。不过，教师知道该如何做，如果教育得当，他会发现学生也会对此表示理解并积极合作。

关于上面提到的找出孩子感兴趣科目的讨论，同样也适用于孩子的感觉器官。也就是说，我们应该了解孩子最擅长运用的感觉器官。有些孩子在视觉上受到过良好训练，有些孩子的听觉可能得到过更好的开发，还有一些可能在运动方面有过积极培养。

近年来，一种所谓的实操学校大行其道，这类学校奉行将科目教学与感官训练结合在一起的教育原则。这些学校的成功也证明了充分开发孩子的感官兴趣的重要意义。

如果教师发现一个孩子善用眼睛，属于视觉类型，他就应该清楚这孩子在那些应用眼睛的科目上的学习，例如地理，会事半功倍。在听课时，孩子如果能充分利用他的眼睛，而不是耳朵，他就会取得更好的效果。这只是教师观察学生特别之处得到的一个认识，教师还可以运用同样的方法获得很多类似的发现。

总而言之，教师是一个神圣的职业，理想的教师是孩子心灵的铸造师，他们手中掌握着人类的前途。

不过，我们怎样才能更容易地将理想变为现实呢？仅仅构建美好理想的教育是远远不够的。我们还应该想方设法地实现理想。很久以前，我就在维也纳开始寻找实现理想教育的方法，其结果就是在学校里成立了教育咨询诊所。

建立教育咨询诊所的目的就是让现代心理学知识服务于教育制度。诊所会定期举办咨询活动：有一位不仅懂得心理学，也了解教育者实际情况的杰出心理学家和教师们共同参与活动。

教师们聚集在一起讨论他们遇到的孩子出现的棘手问题，问题孩子表现出的行为可能是懒惰、扰乱课堂秩序、偷窃等。再由教师描述一个具体案例，然后由心理学家根据自己的经验和知识提出方法，并开始和大家一起进行讨论。讨论问题出现的原因、问题现状的发展状况以及该如何应对这类问题。这需要对孩子的家庭背景和整个心理发展史加以分析。最后综合每个人的信息，针对每一个存在的问题得出一个能够帮助孩子的具体做法。

这个孩子和他的母亲也参与了第二次咨询活动。在确定跟孩子母亲展开工作的具体方式之后，首先得和母亲聊一聊。这个母亲先听取了孩子遭遇挫折的原因解释，然后这位母亲详细讲述了这个孩子的情况，接下来由心理学家和她讨论。

一般来说，母亲看到有专业人士愿意帮助她一起解决孩子的教育问题都会乐于合作。但是如果这位母亲的态度比较糟糕并显示出敌意，那么教师或者心理学家就要转而向她介绍一些类似的案例，直到她的抵触情绪有所消解。

最后，确定了帮助孩子的具体方法之后，孩子就能与教师和心理学家见面了。心理学家和孩子谈话，绝口不提他的错误。心理学家就像在课堂上课一样，以一种孩子能理解的方式客观地分析他遇到的问题，产生问题的原因，导致他产生挫败感的观念和想法。心理学家帮助孩子认识到他总是遭受挫折而其他孩子却能得到喜爱的原因，了解为何他对成功不抱希望等。

这种咨询方法他坚持实施了大约15年，在这方面接受过训练的教师感到非常满意，他们也不想放弃坚持了4年、6年甚至8年的工作。

在这种咨询活动中孩子们得到了双重收益：原来的问题儿童在心理咨询师的帮助下恢复了健康，他们懂得了如何与人合作，重新找到了自信与勇气。那些没有去过教育咨询诊所的学生也受益匪浅。当班级中某一个学生出现类似心理问题的迹象时，教师会提议让孩子们对此展开讨论。当然，这种讨论一般会在教师的指导下进行，鼓励孩子们参与其中，让他们有各抒己见的机会。

学生们可以讨论一种现象的成因，比如个别学生在学校生活中表现懒惰，他们会在讨论中得出结论、总结方法。虽然班里懒惰的孩子并不知道大家讨论的就是他，但他仍会从众人的讨论中获益良多。

以上简短的描述显示了把心理学和教育结合在一起的可能性。心理学和教育是同一现实和同一问题的两个方面。想要指导心灵，就需要了解心灵运作的原理。只有那些了解心灵及其运作的人才可以运用他的知识把心灵导向更高、更远的目标。

第十一章
外在环境对儿童成长的影响

身为父母，我们的责任不仅仅是教育孩子读书、书写和计算，还应该为他们创造健康成长的心理环境和生活环境，这样，孩子就不会比正常人承受更大的困难。

环境对儿童心理的影响

个体心理学在心理和教育方面涵盖甚广，其中自然不能忽略外在环境的影响。过去所推崇的内省心理学太过狭隘，为了补充这种心理学的理论漏洞，德国心理学家冯特认为创建一种新的科学——社会心理学迫在眉睫。但是，个体心理学则认为没有这个必要，因为个体心理学既关注个体的心理，也不会忽略社会心理的影响因素。它既不会只专注于个体心理，而将外在环境的影响因素置之度外，也不会只专注于环境因素而不考虑个体心理的重要性。

负有教育职责的人或教师都不应该将他自己视为孩子唯一的教育者。外界环境的影响也会冲击孩子的心理，并直接或间接地塑造了他。间接的影响就是：外界环境影响了父母及其心理状态，而父母的这种心态又影响了孩子的心理。外在影响是不可避免的，因此，个体心理学应该把这些因素纳入考虑之中。

首先，所有的教育者都不能忽视经济因素给儿童心理健康发展带来的影响。例如，我们必须记住，有些家庭世世代代经济窘迫，总是疲惫悲哀地为维持生计劳苦奔波。这种家庭终日生活在压抑凄苦的环境之中，家长不可能教育孩子对生活形成一种健康和乐于合作的态度。他们的心理饱受生活的压抑，总是受到经济窘迫的困扰，这也决定了他们不可能产生合作的心态。

另一方面，我们应该知道，长期处于半饥饿状态，或者恶劣的经济环境中，都会对父母和孩子的生理产生不良影响，而且这种生理影响进而又会影响孩子的心理健康。我们可以从战后欧洲出生的孩子身上看出这一点，与他们的长辈相比，他们的处境更加艰难，除了恶劣的经济环境会对孩子的发展造成不良影响外，父母对孩子生理卫生的无知而给孩子带来的影响同样不容忽视。这种无知与父母在教育孩子方面内敛、溺爱的态度是分不开的。父母溺爱孩子，他们害怕自己的孩子会吃苦，但有时他们在关注孩子方面又显得粗心大意。例如，当他们看到孩子的脊骨弯曲变形，他们会觉得这是会随着孩子年纪的增长而自然恢复的。他们没有及时地医治孩子。这当然是一个错误，因为在大城市并不缺乏医疗服务设施。如果孩子的身体器官有缺陷却没有得到及时矫正，那么很可能会给孩子留下严重的疾病隐患，这些疾病也会给孩子造成极大的心理创伤。从个体心理学的角度来看，每种身体疾病都是心理上潜伏的危险，因此要尽量保护孩子，不让孩子生病。

如果心理问题的难关不可避免，我们可以通过培养儿童的勇气和社会情感来应付这一难题。事实上可以这样说，只有当孩子缺乏社会情感时，孩子的心理才会受到生理疾病的烦扰。如果孩子觉得自己属于社会，是群体中的一部分，那么，这个孩子心理上对生理疾病的防御力要远远强过那些饱受溺爱的孩子。

有的人认为孩子的心理问题是由身体疾病造成的。然而生理疾病只是孩子性格缺陷爆发的一根导火索。患病期间，孩子会发觉自己的某种能力，即他可以掌控自己的家人。他看到父母脸上的焦虑不安，他知道他们是在为他担忧。病愈之后，他仍想继续获得家人的关注，并提出各种要求摆布父母来达到这个目的。当然，这种情况一般只发生在那些缺乏社会情感训练的孩子身上，他们不放过任何可以表现自我的机会。

然而有趣的是，疾病有时能够改变孩子的性格。这里有个关于一位教师的次子的案例，可以对此进行说明。这位教师曾经为这个孩子感到十分担忧，却又对他无可奈何。这个孩子不时地会离家出走，他的成绩也是班级里垫底的。有一天，他的父亲出于无奈想要把他带到管改所进行教育，却被检查出孩子患有忧郁型肺结核。这种疾病需要得到父母无微不至的照料。当孩子病愈之后，家人发现他变成了家里最听话的孩子。这孩子所需要的就是父母的特别关心，在患病期间他如愿以偿了。他以前调皮捣蛋只是因为他生活在他才华出众的哥哥的阴影之下，他想和哥哥一样获得家人的赞扬，因此他才持续地以各种叛逆举动进行抗争，想要获得关注。但在患病之后，他发现自己也可以像哥哥一样得到父母的喜爱，他因此变得十分听话，表现良好。

还有一点需要特别注意，孩子患疾病的经历常常会给他们留下难以磨灭的印象。孩子对于诸如危险的疾病和死亡等事情经常感到震惊。疾病留在孩子心里的痕迹会在生活中表现出来。我们发现有些人对疾病和死亡产生了感兴趣。其中一部人找到了发挥兴趣的正确之道，也就是说，他们中某些人成了医生或护士；但更多的人始终犹如惊弓之鸟，深受疾病给他们的心灵造成的阴影之苦，严重妨碍了他们从事有益的工作。通过对上百名女孩的调查，其中将近一半的人承认，她们在生活中最大的恐惧就是对疾病和死亡的想象。

因此，父母要保护好自己的孩子，尽量避免他们受到疾病的影响。他们应该提前给孩子做好心理建设，尽可能地避免他们受到突如其来的疾病的打击，他们应该让孩子知道：每个人的生命都是有限的，重要的是活得有价值。

孩子生活中的另一个难题就是跟陌生人、家庭的熟人或朋友的接触。孩子和他们打交道会给他们不良影响，因为这些人对孩子并不是真正的感兴趣。他们喜欢逗孩子开心，或和孩子做一些在短时间内就能给他们留下深刻印象的事情。他们尽情地赞美孩子，这会使孩子变得自负起来。在和孩子的短暂相处中，他们会对孩子宠爱至极，这一做法会给教育者对孩子的正常教育带来麻烦，所有这些都应该避免。不应该让陌生人干扰了父母对孩子的教育工作。

此外，陌生人通常还会搞混孩子的性别，他们称小男孩为“美丽的小女孩”，或者称小女孩为“漂亮的小男孩”。这种情况同样应该尽量避免，其中的理由我们会在下一章详细讨论。

训练儿童的合作能力

家庭环境对孩子的成长非常重要，因为孩子能够由此看到家庭在社会生活中的参与程度。换句话说，家庭环境给予孩子关于人与人之间合作的最初印象。那些在封闭的家庭环境中成长起来的孩子，通常会严格地将家人和外人做出区分。在他们心中，有一条难以逾越的鸿沟将他们的家庭与社会隔绝开了。这类孩子总是对外界充满敌意。这种家庭不会增进与外部世界的社会关系，这会使孩子的疑心变得更重，还会造成孩子在社会交往中总是以自己的利益为主。如此也就无从发展孩子的社会情感了。

当孩子3岁时，家长就应该鼓励他们与其他小朋友一起玩耍，使他们逐渐消除对陌生人的恐惧。不然，孩子长大些再与陌生人接触就会变得局促不安、脸红胆怯，甚至对其他人抱有敌意。这种情况通常出现在那些被溺爱的孩子身上，他们总是想着“排挤”别人。

父母如果能够较早发现并矫正孩子的这些缺点，那么，孩子长大后就能免去很多麻烦。如果一个孩子在3～4岁间受到良好的养育，家长总是积极鼓励他和其他孩子一起游戏，他自然而然就会形成集体意识，那么，孩子在今后的交往中不仅不会局促不安和以自我为中心，身体和心理也能得到健康发展。而那些生活封闭、不愿意与人交往的孩子，很可能患上神经功能症或神经错乱症。

在讨论训练儿童的合作能力这一话题时，我们不得不提到的是，家庭经济变化对孩子的成长造成的不利影响。如果是原本富裕的家庭遭遇经济变故，家道中落，尤其是在孩子年幼的时候，这种变故会让孩子更加难以接受，因为他们已经习惯了原来优渥的生活。而现在失去了那种优越的待遇，他们会十分怀念原来的生活。

如果原本经济困顿的家庭一夜之间富足起来，也同样会对孩子的成长产生不利影响。这时父母可能不懂得怎样合理地运用金钱，尤其在对待孩子上他们可能会犯错。他们觉得不必在金钱上对孩子吝啬了，他们会尽可能地给孩子提供优越的生活。这也是在暴富家庭中常常会出现问题孩子的原因。

如果能够恰当地训练孩子的合作精神和能力，那么上述的问题完全可以避免。在上述的所有情形中，孩子总是能找到逃避锻炼他们合作精神和能力的训练，我们对此要特别留意。

家庭成员的不良行为

不仅外在的物质环境变化，例如贫穷或暴富会对孩子产生心理影响，不正常的精神环境也会对孩子的成长带来困难。对此，我们首先想到的是由于家庭原因而导致别人的另眼相看，即家庭偏见。这种偏见大多是由家庭成员的不良行为招致的。例如，父亲或母亲在社会上曾经做过丢人现眼的事情，这会对孩子的心理造成很大的伤害。他会对未来充满恐惧和担忧，他时常躲避伙伴，害怕被人发现自己是那样的父母的孩子。

身为父母，我们的责任不仅仅是教育孩子读书、书写和计算，还应该为他们创造健康成长的心理环境，这样，孩子就不会比其他孩子承受更大的困难。因此，如果父亲整日酗酒，或者脾气暴烈，他应该意识到这将给他的孩子带来怎样的影响。如果父母的婚姻生活不幸福，他们整日争吵，那么最大的受害者其实是孩子。

童年的经历会长久地留在孩子的心里，印记难以磨灭。不过，如果孩子拥有丰富的社会情感，学会了如何与人合作，就能够消除这些影响。但不幸的是，这些经历又会妨碍他与别人的合作。这也是近年来学校中儿童咨询诊所成为教育潮流的原因。如果父母因为某种原因未能履行好自己的职责，那么，那些受过特殊心理培训的教师就要接手这一工作，指导孩子走向健康的生活。

除了那些由于个人情况而招致的偏见外，还有源于国家、种族和宗教的偏见。我们总是能够发现，这种偏见不仅伤害被侮辱的孩子，甚至也会伤害侮辱的实施者。后者会因此变得傲慢自负，他们会觉得自己优于别人，并且尝试实现他们在生活中为自己设定的目标，但他们最终都会以失败告终。

这种民族之间和种族之间的偏见一般都是引发战争的基本根源。如果想要将人类的发展引向进步和文明，就必须消除这种酿成祸端的偏见。而教师的职责就是将战争爆发的根源解释清楚，而不是纵容孩子通过舞刀弄枪来展示对优越感的渴望和追求。这不是为以后的文明生活应做的准备。许多孩子后来之所以投入到军旅之中是因为他们在小时候接受过军事教育；除了这些加入军旅生活中的孩子外，还有许多孩子会受到少时厮杀打仗游戏的影响，他们总像战士那样好勇斗狠，永远也学不会如何与人和睦相处。

在那些需要送给孩子礼物的节日里，例如圣诞节，要精挑细选礼物的种类。父母应该尽量不要让孩子玩弄刀枪这类玩具。

关于如何挑选合适的玩具，有很多可以说的地方。但有一条基本原则就是，我们应该挑选那些能够激发孩子的合作意识、培养孩子创造能力的玩具。让孩子自己动手制作玩具，自然要比那些类似于布娃娃、玩具狗这类玩具更有意义。顺便说一下，我们还应该教育孩子尊重动物，将它们视为人类的朋友，而不是玩具。我们应该告诉孩子不要害怕动物，但也不能凌虐它们。如果孩子虐待动物，那么他们很可能怀有控制或欺负弱小的倾向。如果家里有小鸟、小狗和小猫等动物，我们应该教育孩子，这些动物和人一样能感受到痛苦。我们将孩子与动物的和平相处视为孩子与成人进行社会合作的准备阶段。

来自亲戚的误伤

孩子的成长总会接触到自己的一些亲戚，首先要提到的就是祖父母。如果我们能以客观的态度来审视祖父母的境遇，我们会发现，在当代社会，他们的境遇多少会染上一些悲剧色彩。随着年岁的增长，他们本该有更多的时间充实自己，发展自己的兴趣。但在我们的时代，情况却恰恰相反。老人感到被社会抛弃，他们被放在无人问津的角落里。这是一件非常遗憾的事，因为这些老人原本能做更多，如果他们还有机会为工作奋斗，我想他们会快乐得多。他们丧失了表现自己的机会，这将造成什么后果呢？我们对待老人的错误方法也会殃及我们的孩子。祖父母因为受到冷落就会想方设法地证明自己依然对这个社会有用。为了证明这一点，他们总是干预父母对孩子的教育，他们对自己的孙子辈宠爱有加、呵护备至，他们以这种极端的教育方法来证明自己的价值。

我们当然应该避免伤害这些善良的老人的感情。这些老人应该得到更多的活动机会，但我们应该旗帜鲜明地向他们表态，孩子是一个独立的个体，而不是任何人的玩物，在任何时候，都不应该把他们卷入家庭的纠纷中去。如果祖父母和孩子的家长产生了矛盾，那就让他们自己去解决，完全没有必要让孩子参与进来。

我们能够发现，那些患有心理疾病的孩子，大多数都曾经在祖父母那里受到过分的宠爱。那么这些孩子后来都患有心理疾病的事实也就不难理解了。因为祖父母对孩子的过分宠爱要么意味着溺爱纵容，要么意味着挑起孩子间的相互竞争或妒忌。很多孩子会对自己说："我的爷爷最宠爱我。"这时，一旦他们在别人那里不是最受宠的人，他们就会感觉受到了伤害。

还有一类亲戚对孩子的成长同样会产生深远影响，这就是"聪明的表兄弟姐妹们"。他们有时会给孩子的成长带来一些麻烦。当人们提起他的表兄弟姐妹多好看、多聪明时，很显然这个孩子会因此感到苦恼。如果这个孩子具有相当的自信和社会情感时，那么他可能会明白大人口中的"聪明"只不过意味着这个孩子得到了良好的训练和准备，如此一来，他自己就会寻找达到那种水平的办法。但是，如果这个孩子觉得聪明是天生的，那么，他就会自愧不如，认为命运的安排是不公平的。这样，他的整个成长过程就会受到阻碍。长得漂亮的确是上天的馈赠，但是，它的价值却被我们所处的社会文明夸大了。我们能够从孩子的生活方式中窥探一二，孩子一想到自己的长相不如别人就感到深受其扰，这种情绪会对其心理健康的发展产生不利影响。甚至在20年以后，人们依然能够强烈地感到对漂亮的表兄弟姐妹的羡慕之情。

想要消除孩子在成长过程中受到的这种因别人的美丽外表而造成的伤害，就应该教育孩子，一个人身体的健康和与人相处的能力要比人的外在美更加重要。当然，没人能否认外在美的价值，没有人喜欢丑陋的外表，我们都希望得到美丽的容貌。但当我们在对生活进行合理的规划时，我们就不能单独将一种价值和其余价值隔离开来，也没有理由将某一种价值提升为最高目标。外表美也应作如是观。一个人拥有美丽的容貌并不意味着就能过上理性从容的生活。有一个事实可以证明这一点，作奸犯科的人不乏相貌丑陋的人，但是也有很多容貌姣好的人。我们通常这么解释那些拥有美丽外表的孩子走上犯罪道路的原因：他们自恃美貌，受到很多人的喜欢，便以为自己从此可以不劳而获。因此，他们缺乏对生活的准备。随着时间的推移，他们发现，不经过努力就无法解决自己的问题，于是，就选择了一条可以不劳而获的路径，即犯罪。正如诗人维吉尔所说，“通向地狱之路最为轻松”。

如何给孩子挑选读物

我们应该给孩子阅读什么样的书？童话故事应该如何处理才能给孩子阅读？像《圣经》这类书应如何让孩子阅读理解？在这个话题上，人们常常会忽略这样一个事实，即孩子们理解事物的方式和成年人完全不同，他们对事物往往有着自己独特的理解。如果孩子生性腼腆怯懦，他就会在《圣经》和童话故事中寻找认可他这一性格特点的故事，从此他会变得更加胆小。我们应该在童话故事和《圣经》的段落中加上评论和解释，让孩子理解故事的原意，而不是让他在故事中只读到自己的主观臆测。

童话故事在孩子中很受欢迎，甚至成人也能从中受益。但是，有一点值得注意的是，今天的孩子对产生于特定时间和地点的童话故事会有一种时间上的距离感。孩子通常很难理解其中的时代差异和文化差异。他们读到的故事是作者在那个时代背景下完成的，而孩子并不会考虑到人们在世界观上的变化。童话故事中总有一个王子出现，他在故事里饱受赞美和美化，他的全部性格总是以一种吸引人的方式描画出来。这个故事当然是虚构的，但这是文学上的一种表现手法，也在那个对君王顶礼膜拜的时代是合理化的描写。这个故事背后的事实应该向孩子解释清楚，他们应该知道这些神奇的故事都是人为杜撰的，否则，孩子长大以后总是想要寻找简单便捷的方法解决问题。例如，有人问一个12岁的小男孩长大以后的理想时，他回答说，“我想成为一名万能的魔法师。”

如果给童话故事配上注解和评论，那么它就能够成为激发孩子合作精神、扩展孩子视野的有效工具。

报纸也是孩子成长的一种外在影响因素。报纸的受众是成人，它不能反映孩子的视角和观点。因此，应该避免孩子阅读报纸。但是，有些地方有专门印制的儿童报纸，这无疑是一件好事。但市场上买的那种报纸往往会给那些没有做好准备的孩子带来不正确的生活观，他们会以为我们的生活充满了谋杀、犯罪和天灾人祸。各种不幸事故的报道尤其令孩子感到沮丧和压抑。我们在和成年人的谈话中能够得知，他们小时候对火灾有着多么深刻的恐惧，这种恐惧会给他们的心灵带来持久的困扰。

上面讨论的只是教育者和父母在教育儿童时必须注意的几个方面，它们虽然只是构成外在环境的一小部分，但它们的重要性不言而喻，它们说明了这些因素影响孩子成长的一般原理。这时个体心理学还应该重提其最基本的概念：“社会情感”和“勇气”。社会情感和勇气同样能够解决这里所提到的问题。

第十二章 青春期和性教育

青春期是人成长中的一个重要过程。在这个时期，如果家长用放任或过度干预的方式养育孩子，将会妨碍和阻止十几岁的孩子顺利完成其完整的成长。如果我们能够深入了解孩子，给予孩子更加独立自主和表达自我的机会，那么在孩子的青春期这一阶段，我们将看到他们更好的表现。

青春期——至关重要的时期

市场上描述青春期的图书非常多，青春期这个主题的确非常重要。每个人在青春期这个阶段的表现都各有差异。在班级中，我们发现有各种类型的孩子：有的积极上进，有的懈怠懒惰，有的整洁干净，有的邋遢凌乱。我们倡导的理论认为，青春期是每个个体都要经历的成长阶段。我们并不觉得任何成长阶段或环境能够彻底地改变一个人。但它却有着对准备工作进行测试的功能，它能真实地反映出个体在过去形成的性格特征。

例如，有些孩子被家长看管得太严格了，他们无法表达自己的看法，也不能充分地展示自己。青春期是生理和心理的快速发展期，这个阶段的孩子总觉得自己身上被套上了枷锁因而想要奋力挣脱。他们快速成长，人格稳步发展。但是，有些孩子却停止了成长的脚步，他们对过去过分依恋，找不到正确成长的途径。这类孩子丧失了对生活的信心，性格变得越来越内向。他们在童年时期并没有受到压抑，以致在青春期也没有表现出能量爆发的迹象，因为这些孩子在童年受到了溺爱，他们也因此对新生活缺乏准备。

在青春期，我们更能看出一个人的生活方式，因为这个阶段更接近于成人时期。这时更能显现出他对生活的态度，他是否有与人交往的欲望，他是否产生了社会情感和社会兴趣。

一个社会兴趣匮乏的人，喜欢用夸张的形式把自己的社会兴趣表现出来。这些处于青春期的孩子很难控制展现社会兴趣的尺度，他们甚至会牺牲自己的利益成全别人。孩子的社会兴趣过于强烈也会阻碍孩子的正常成长。我们知道，一个人如果真的想为别人服务，为公共事业奋斗，他必须先把自己的事情做好，而他对社会的贡献也要根据他贡献出来的东西的价值和意义来衡量。

我们还能看到，许多年龄在14～20岁的青少年丧失了社会兴趣。他们14岁便走出了校门，他们过早地和他们的老同学和老朋友失去了接触和联系，而新的人际关系建立起来又需要一定的时间。在这段时期内，他们和社会完全隔离开来。

接下来要讨论的是职业问题。在青春期这个阶段能够显示出一个人的职业态度。有些青少年在这个时期开始变得独立自主，他们的工作表现良好，这说明他们正通往健康正确的发展道路。而有些青少年却不思进取，他们在青春期停止了成长，他们要么找不到适合自己的工作，要么频繁地更改工作或者转学。除此之外，他们整天无所事事，甚至压根没有想过参加工作。这些问题并不是在青春期才发生的，青春期不过是过去遗留问题得以显现的阶段。如果我们能够深入了解一个孩子，给予孩子更加独立自主和表达自我的机会，而不是像童年时那样严厉监视、限制自由，那么在孩子的青春期，我们将看到他们更好的表现。

现在我们讨论一下个体生活中的第三个问题：爱情和婚姻。我们能够从青少年对这个问题的回答中看出有关于他的人格的哪些情况呢。问题的答案仍然与他青春期之前的生活密切相关，只不过这个答案在青春期强烈的心理活动下显得更加清晰和准确。我们能够发现，有些青少年在对待爱情的问题上应付自如，他们懂得浪漫，表现勇敢。然而，无论是浪漫还是勇敢，他们的行为都是十分合理规范的。

但是有些青少年则身处另一种极端。他们羞于讨论有关性的问题。他们和真实的成人生活离得越近，他们准备不足的缺点暴露得越多。青少年们在这个阶段的人格表现能够帮助我们更准确地推测他们未来的生活风格。如此一来，如果我们想要干预他们的未来生活，我们就知道应该采取怎样的措施。如果一个青少年对异性表现出消极无为的态度，我们探究一下他过去的生活往往能够发现他在儿童时期经常表现得好勇斗狠。他对父母偏爱其他兄弟姐妹的行为感到失落沮丧。于是他得出结论，他觉得自己应该一往无前，并变得傲慢无礼，他抗拒所有和情感有关的事情。因此，他对待异性的态度是他童年经验的体现。

青春期画像

我们经常发现，很多青春期的孩子会有离家出走的行为。这是因为他们对自己的家庭环境感到不满意，因此便寻找和家里隔绝联系的机会。他们不想再接受家庭的抚养，这种抚养原本对孩子和家长都有好处。

同样想要离家出走的倾向还表现在那些住在家里的孩子身上。不过，这些孩子离开家庭的向往没有那么强烈。他们不会放过每一个夜不归宿的机会，显然在夜间外出的诱惑力比白天更大，这比安静地待在家里能够得到的乐趣不知道要多多少。这也是他们对家庭无声的指控。他们在家里感到拘谨和约束，总是不自在，因此，他们也没有什么表现自我的机会，更不可能发现自己的错误。而处于青春期的孩子正是自我表现欲望最强烈的时期。

与其他时期相比，许多青春期的孩子对别人的赞美会更加敏感。也许他们是学校里的好学生，得到了教师的宠爱和认可。但是后来他们忽然转入了一所新的学校，或者进入一个新的社会环境。我们知道，很多学生并没有把这种优秀的表现持续下去。他们似乎发生了很大的变化，但实际上，他们并没有改变，他们只是在新环境中难以展示他们在以往的环境中的真实性格而已。

由此可知，要避免孩子在青春期制造麻烦的最好办法，就是培养孩子与别人建立友谊。孩子与孩子之间应该成为朋友，孩子与家庭成员，甚至家庭成员之外的人也应该成为好朋友。家人之间本就应该彼此信任。孩子也应该信任父母和教师。事实上，只有那些一直视青春期的孩子为朋友，并且真正同情、理解孩子的教师和父母，才能继续发挥他们指导孩子的作用。除此之外的父母或教师若是想指导他们，都会毫无例外地被这些孩子拒之门外。因此孩子对他们毫无信任可言，甚至把他们当作外人或敌人。

我们发现，有些处于青春期的女孩会表现出对自己女性角色的厌恶，她们试图模仿男孩的行为。她们模仿的方面往往是男孩的抽烟、喝酒、打群架等坏习性，这可能是因为模仿这些流于表面的行为要比模仿努力工作容易得多。这些女孩找借口说，如果她们不模仿这些行为，那些男孩就不会对她们感兴趣。

如果我们深入分析对青春期女孩子的这种性别抗议，我们就会发现这些女孩在童年时期往往就不喜欢自己的女性角色。她们一直隐藏自己的反感情绪，直到青春期才表现出来。因此，观察处于青春期的女孩的这种行为是非常重要的，因为我们可以由此发现她们将如何对待自己将来的性别角色。

身处青春期的男孩往往喜欢扮演英勇无畏、果敢自信的男人形象，但也有些男孩面对困难时望而止步，他们对自己能够成为一个真正的男人信心不足。如果他们在儿童时期在男性角色教育上准备不足，那么在此时他们的这种缺陷将会暴露无遗。这些男孩显得脂粉气十足，他们甚至会模仿女孩的坏习惯——卖弄风情、忸怩作态。

在男孩的成长过程中，与这些极端女性化行为相对应的，是一些将男性特征表现得太过的行为。他们学会喝酒，放纵欲望，甚至仅仅为了表现和炫耀他们的男子气概而不惜犯罪。这些极端的表现常常出现在那些试图取得优越感的男孩身上，他们渴望成为万众瞩目的领导人物。

这种类型的男孩尽管表面上表现得野心勃勃、肆无忌惮，但其内心非常懦弱。在美国我们就能找到一些臭名昭著的例子，如希克曼、勒奥波德和罗伯。如果我们对他们的生活经历稍作研究，就会发现，他们总在寻求一种毫不费力的生活，追求一种轻而易举就能得到的成功。这类孩子虽然表面上看起来积极主动但内心却是缺乏勇气的，这正是那些问题孩子两者兼而有之的特征。

我们还会发现，青春期的孩子往往会初次动手殴打自己的父母。那些不愿意仔细探究孩子整体人格脉络的人会感叹，孩子变了。但是如果我们回顾这个孩子之前的作为，就会发现孩子的性格并没有发生变化，他们一直如此，只不过以前的条件还不充分，而他们现在具备了展现这种性格的能力而已。

值得我们关注的另一方面是，每个身处青春期的孩子都必须面对这样的考验，他必须证明自己不再是个孩子。这种考验非常危险，如果把握不好分寸，常常会为了证明自己而走得太远，做得太过。青春期的孩子通常就是这样的。

青春期的孩子所犯的这种毛病十分有趣。解决问题的方法就是向他们指出，他们的这种证明是没有意义的，我们不需要这种证明。这样一来，我们也许能够避免他们的这种过度表现。

我们还经常遇到这样的女孩，她们在对待异性的问题上总是十分夸张，她们甚至对男孩表现出痴迷的样子。这种女孩喜欢和她们的母亲对着干，她们总是感觉自己受到了母亲的约束与压制；她们为了惹母亲生气，可能会跟任何自己遇到的男人搭上关系。她们一想到母亲会因此震惊愤怒的样子，就得意万分。许多因为和父母怄气，或者因为父母管教严厉而离家出走的女孩，她们可能会和男性初次发生性行为。

具有讽刺意味的是，往往是那些被家里管教严格的女孩容易成为坏女孩。错误不在于这些女孩，而在于她们的父母，因为父母们对人的心理缺乏洞察力，没有帮助女儿为她们必然要遭遇的情境做好准备。他们对女儿呵护备至，把她保护得非常严密，但却没有培养她们的独立性和分辨是非的能力，而这些能力又是提防青春期陷阱所必须拥有的。

对于有些女孩来说，这些问题并没有出现在她们的青春期阶段，而是出现在青春期之后的婚姻生活中。其中的道理是一样的。这些女孩可能比较幸运，她们顺利地度过了青春期，没有遭遇那种不利的情境。但是，这种不利情境迟早会发生的，为此做好充分准备很有必要。

这里我们可以拿一个正值青春期的女孩做例子。这个女孩15岁，她出身于一个非常贫穷的家庭，不幸的是，她还有一个患病的哥哥需要母亲悉心照顾。因此，她在童年时期就注意到母亲给予哥哥的关注要远比她多。祸不单行，她的父亲也患病了。因此她的母亲不得不同时照顾他们两个人。她目睹了哥哥和爸爸都得到了母亲的关爱，她对这种关心和照顾更加渴望了。但是不久，她的妹妹出生了，她仅存的那一点关注也被剥夺了，这对她来说无疑是最糟糕的事情了。也许是命运的安排，她的妹妹出生以后，她父亲的病就痊愈了，这样一来妹妹便比她在少儿时期得到了更多的宠爱，这一切都逃不过孩子的眼睛。

这个女孩为了弥补父母关爱的缺失，便在学校里认真刻苦地学习。她也因此成了班里成绩最好的学生，她成功地得到了教师的喜爱。但是当她进入中学之后，情况就发生了变化。因为新的教师对她不熟悉，也没有格外地关注她，她学习就没有那么用功了，她的成绩因此一落千丈。情况变得异常糟糕，她不仅得不到家人的关注，也得不到教师的关注了。她只能寻找别的办法，因此她在学校外面找到了一个喜欢她的男人，她和这个男人同居半个月之后，便被抛弃了。事情的发展趋势是可以预料的，她意识到这种关注并不是她想要的。此时，她的父母非常担心她的处境，四处寻找她的下落。后来他的父母收到一封她写的信，信的内容是："我已经服毒了，不用担心——我很幸福。"很显然，她在追求关注失败后，想到的第一件事就是自杀。然而她没有自杀，她只是想用自杀来吓唬父母而已，并想通过这种方式获得父母的原谅。她继续在街上游荡，直到她的父母找到后把她带回家。

如果这个女孩能够认识到，她的整个生活已经被别人对她的赞美所主宰，那么这些事情都可能不会发生。而且如果他的中学教师能够发现这个女孩只是想要多一点关注和赞美的话，那么这一切也可能不会发生。只要我们在整个事件的任何一个环节采取了适当的措施，那就不至于陷入这样的境地。

掌握正确的性教育

有关性教育的问题被许多人过分夸大了。他们对于性教育问题的关注简直到了丧失理智的地步。有人认为，应该在每个年龄阶段都开展性教育，他们过分夸大了因为对性无知而造成的伤害。但是，当我们观察自己和别人过去在性教育上的经历时，我们并没有发现存在如此巨大的危险。

个体心理学的经验告诉我们，一个两岁大的男孩应该清楚自己的性别角色，而且我们还应该告诉他们性别是无法改变的，男孩长大会变成男人，女孩长大会变成女人。如果孩子了解了这些，那么就算他对这方面了解得不是很全面，也不会遭遇什么危险。只要让孩子认识到，女孩的教育不能以教育男孩的方式进行，男孩的教育也不能以教育女孩的方式进行，那么他们就会形成固定的性别角色，他们也一定会以正常的方式去准备自己的性别角色。但是如果他认为性别是能够通过某种力量得到改变的，那么就会出现某些问题。同样的，如果父母希望改变孩子的性别，也会出现一些问题。

我们还应该避免贬低女性和鼓吹男性优越的论调。我们应该告诉自己的孩子，男孩和女孩是同等珍贵的。这一点很重要，这不仅能避免女孩产生自卑情结，也能避免给男孩带来错误的认知。如果男孩受到了男性优越论的影响，那么他们很可能会将女孩仅仅视为泄欲的工具。我们只有让他们明白未来的责任，他们才不会以低级的眼光来看待两性关系。

换句话说，性教育的关键并不在于向孩子解释关于性的生理知识，而是要培养孩子正确的爱情观和婚姻观。这个问题和孩子的社会兴趣是密切相关的。如果一个男人缺乏社会兴趣，那么他对性的问题就会采取玩世不恭的态度，他看待所有关于性的问题都从满足自己的私欲出发。这种情况屡见不鲜，这也是我们这个时代的缺陷。在这种文明的驱使下，女性成了最大的受害者，而男人则发挥主导作用。但实际上，男人也是受害者，他们会因为在这种文化价值驱使下产生的优越感，而无法接触人的内在价值。

关于性教育的生理知识方面，孩子没有必要过早地接触这些问题，我们完全可以等到他们开始对这些事情表现出好奇心的时候再告诉他们。如果孩子对于性方面的问题羞于启齿，那么，关注孩子需求的父母总会知道何时适合主动地告诉他们这方面的知识。如果孩子是以朋友的形式和父母相处的，他们就会主动询问这方面的问题。当我们为孩子解答困惑的时候，我们应该运用孩子容易理解的方式，避免给予孩子那些刺激性的回答。

如果孩子明显表现出性早熟现象，我们也不必大惊小怪。事实上，孩子的性发育很早就开始了，在他们出生后的数周就有所显现。婴儿肯定也有性快乐的体验，有时他们会故意刺激性的敏感区域。如果我们看到这种情况，不必惊慌失措。我们应该及时制止这种行为，但没有必要小题大做。如果孩子意识到我们对此过分担忧，他们往往会故意这么做，以此来吸引我们的注意力。我们常常会对孩子的这种行为产生误解，我们觉得他们性欲肆虐，而实际上，这种行为只不过是他们把这个习惯当作炫耀而已。年幼的孩子可能会通过玩弄自己的性器官来吸引父母的注意力。这和小孩装病的心理是一样的，因为他们发现生病会得到更多的宠爱和关心。

为了避免刺激孩子的身体，父母不宜对他们做太多亲吻和拥抱的举动。这对身处青春期的孩子影响尤其不好。我们也不应该在孩子面前过多地谈论性的话题，以免从精神上刺激孩子的性意识。有时孩子会在爸爸的书房里看到一些具有性暗示的图片。在心理咨询室我们也常常遇到类似的案例，孩子们不应该接触那些超越其年龄阶段涉及性的书籍，同样不应该带孩子观看性主题的影片。

如果我们能使孩子避免过早受到性刺激，那么我们就没有什么可担心的。我们只需要在恰当的时候给予他们简单真实的解释，不要招致他们的反感。我们不应该欺骗孩子，如果孩子信任自己的父母，他就会信任父母对性的解释，这样他就不会轻易相信在同伴那里听到的解释。家人之间互相信任、互相合作，与父母自以为是地敷衍相比要好很多。

如果孩子性经历太多，或者过早地有了性生活，这些孩子在长大后往往会对性失去兴趣，这也是要避免孩子看到父母做爱的原因。如果条件允许的话，孩子不应该和父母在一个房间睡觉，更不应该在一个床上睡觉。兄弟和姐妹也应该分屋而睡。

上述讨论包括了性教育这一话题的几个要点。在这里我们能够看到，对孩子的性教育与其他教育毫无二致，关键就在于家庭成员之间的友爱与合作。有了合作精神和早期性别角色的知识，有了男女平等的观念，这样一来，孩子就有了长大后应付任何危险的能力。重要的是，他们已经做好准备，以积极阳光的心态去迎接未来人生的工作。

第十三章 教育者的主要任务

教育者，不能因为自己在孩子身上所做的尝试和努力没有得到立竿见影的效果就感到绝望悲观，不能因为孩子垂头丧气不思进取而产生挫败感，当然也不应该追捧有关孩子有无天赋的说法。为了培养孩子积极坚定的精神意志，我们应该给予孩子更多的自信与勇气。

了解孩子的压力

教育者在教育孩子方面不能有半点的灰心丧气。教育者，不能因为自己在孩子身上所做的尝试和努力没有得到立竿见影的效果就感到绝望悲观，不能因为孩子垂头丧气不思进取而产生挫败感，当然也不应该追捧有关于孩子有无天赋的说法。个体心理学认为，为了培养孩子积极坚定的精神意志，我们应该给予孩子更多的自信与勇气。让他们了解，这世上没有不能克服的困难，困难存在的意义就是考验我们的意志。一分耕耘未必总有一分收获，但是，诸多成功的案例还是能够使那些没有取得预期结果的努力得到补偿。下面就是一个通过努力获得回报的有趣案例。

案例的主角是一个读六年级的12岁男孩。他的成绩并不理想，但他对此毫不在意。他以往的经历非常不幸，他因为患有佝偻病，直到3岁的时候才学会走路。快到4岁时，他只能说少量的单词。他妈妈在他4岁的时候带他去看心理医生，医生得出的结论是这孩子没有办法得到矫正，但是他的妈妈并不相信医生的话，她把儿子送到了一所儿童指导学校。但孩子在学校并没有取得多少进步，学校对他的帮助不大。在他6岁的时候，他开始了学校生活。在学校的头两年，他因为在家里获得了额外的辅导才勉强通过了考试。后来，他又尽力读完了三年级和四年级。

这个男孩在学校的表现是这样的：他在学校以懒惰闻名，他还经常抱怨自己无法集中注意力，上课总是走神。他在学校无法与其他孩子好好相处，他的同学总是嘲笑他，他也经常表现出一副虚弱的样子。男孩在学校里只有一个朋友，他非常喜欢和这个朋友待在一起，他们时常在校园里散步。他觉得其他同学都不太友善，很难相处。他的教师也经常抱怨，他既不擅长数学也不擅长写作，但教师还是相信，他可以和其他孩子一样在学习上取得成就。

从这个男孩过去的经历和他的所作所为可以看出，对他的治疗是建立在错误的诊断的基础之上的。这个男孩被自卑情结所折磨，在家里他有一个优秀的哥哥，他的哥哥在学业上表现得很优秀。于是他的父母总是在外面炫耀自己的孩子在学习上天赋极高、毫不费力，孩子也喜欢这样自我吹嘘。事实上，他的哥哥在上课的时候非常专心，认真听讲，他非常刻苦地学习，努力记住教师在课堂上讲的所有知识，这样他就不必在家里花费太多时间学习也能取得不错的成绩。而那些在学校不够专心的孩子则不得不在家里补习功课。

这个男孩和他的哥哥表现相差甚远，以致他每天都生活在巨大的压力之下。他感觉自己的能力不如自己的哥哥。他也曾在母亲的口中听到相似的评价，尤其是在母亲对他发火的时候。他的哥哥可能也会这么说，并且嘲讽他是个白痴，如果他稍加反抗，哥哥就会对他拳打脚踢。我们可以由男孩过去的经历得出这样的结论：他是一个相信自己不如别人有价值的人。

在现实生活中，他的表现和身边人的态度似乎也印证了他的这种看法。同学们总是嘲笑他，他的学业依然没有任何进展，上课时也无法集中注意力。每个问题都令他恐惧不已。他的教师也会这样评价他：这个男孩没有集体归属感和集体荣誉感。毫无疑问，男孩最终相信， 他不可能越过当前的阻碍，甚至认可了别人对他的看法。一个孩子如此灰心丧气，对未来不抱任何希望，实属可怜可悲。

帮助孩子重建人格系统

还以上一节这个男孩为例，当我们试图以一种轻松愉快的方式和他交流的时候，我们可以发现，他已经对自己完全丧失了信心，这并不是从他脸色苍白、全身颤抖的表现中得出的结论，而是源于一个细节：当我们询问他的年龄的时候（我们已经知道他12岁），他小声地回答说自己11岁。这个错误并不是偶然的。我们曾经指出，这种错误有其内在原因。如果我们联系孩子过去的生活经历，再思考他对年龄的回答，我们可以得出这样的理解：他在留恋过去，他对过去念念不忘。因为那时的他更小更弱，更需要得到别人的帮助。

我们可以根据已经掌握的事实来重建他的人格系统。男孩并不想完成在他的这个年龄需要完成的任务，他觉得自己能力不如别人，没有任何竞争优势可言。他虽然认为自己是11岁，但在某些特定的情境下，他的表现和一个5岁的孩子无异。他坚信自己不如别人，并用行为来验证自己的想法。

这个男孩会在大白天尿床，甚至有大小便失禁的情况。据研究，只有在婴儿时期或是孩子想象自己在婴儿时期才会出现这种情况。这一表现也正好能够验证我们的观点。男孩迷恋过去，如果可能，他想回到被人悉心照料的婴儿时期。

在男孩出生之前，家里就有一个保姆。保姆对男孩关怀备至，这个保姆充当的是男孩母亲的角色。我们知道男孩过去的生活是怎样的，他喜欢赖床，在起床这件事上他要花费很长时间，他的家人带着厌恶的情绪对此进行描述。而我们对此得出的结论是，孩子不喜欢上学。一个不能和同学好好相处、感觉自己不如别人的孩子，他的压抑情绪可想而知，因此他是不可能对上学产生兴趣的。

但是，他的保姆却说他是想上学的。因为每当他生病的时候，他都会提出想上学的请求。这和我们上面得到的结论并不矛盾。但是，我们应该如何解释保姆口中孩子想上学的问题呢？其实，答案很简单也很有趣：当孩子生病的时候，他会提出想上学的请求，但实际上他知道保姆会这样回答他："你生病了，所以不能去上学。"他的家人并不清楚男孩这种矛盾行为的真实意图，因此也不知道该怎么做。他的保姆自然也不理解男孩的真实想法，还以为他真的想上学。

家长将孩子送到我们咨询诊所来接受治疗，是以这样一件事为契机的：这个男孩拿着保姆的钱去买糖果吃。这说明男孩还是会做出小孩子的举动，因为拿钱去买糖是极其幼稚的行为。从心理学的角度来看，这种行为蕴含的意义是："你必须悉心照顾我，不然我就会调皮捣蛋。"这个男孩之所以这么做，其实是想引起别人的关注，他对自己没有信心。如果我们对比一下他在家中和学校的所作所为，我们就可能清晰地看到两者之间的联系。在家里他还能引起家人的注意，而在学校他却屡屡失败。但是，又有谁能够矫正孩子的错误呢？

这个男孩在送到我们咨询诊所之前，一直被认为是个自卑落后的孩子。他总是以一种消极悲观的态度来看待每件事，他总是在事情进行之前就断定自己不能成功。他的每个行为都印证了他的不自信。他的教师这样评价他："上课不能集中注意力，记忆力差，交不到朋友等。"他的自卑和消极的心态显而易见。他已经处于这种境地之中，想要让他改变对自己的看法并非易事。但是，他是个正常的孩子，如果他能重拾自信，他能做到同班同学所能做到的一切。

在他填完个体心理学问卷之后，我们又和他进行了沟通谈话。除了男孩本人外，我们还和他相关的人进行了交谈。第一个相关人就是他的母亲，他的母亲对他已经不抱什么希望，只想让他能够尽力读完所有课程，然后随便找一个能够养活自己的工作；第二个相关人就是总蔑视他的哥哥。

当我们询问男孩"你长大想要干什么？"的时候，男孩并没有对此做出回答。这一点很重要，一个即将步入成人阶段的孩子不知道自己想要干什么，这多少有点问题。虽然很多人在长大之后并没有从事他们在儿童时期所向往的职业，但至少他们曾经受到这些职业的牵引。一个孩子如果对未来没有任何规划，我们会认为他还没有将注意力从过去转向未来，这就意味着，他回避未来以及和未来有关的所有话题。

这就和个体心理学的一个基本原则相背离了。个体心理学一直强调的一件事就是，所有儿童都有追求优越感的欲望，这一理论认定每个孩子都想发展自己，使自己变得更强大、想要有所成就。但这个案例中的男孩所表现出来的却是强化自己弱小的人设，希望获得别人的关心和帮助。我们又该如何解释这种现象呢？精神世界的建设与发展并不是纯粹、简单的，它的发展背景非常复杂。如果我们对复杂的案例做出简单的结论，我们就会出错。所有的复杂案例都可能存在令人迷惑的假象，事态的发展也可能走向相反的方向。案例中的这个男孩没有强烈的欲望去追求未来的成功，而是渴望回到过去，这是因为他觉得在过去的环境里才最安全，才最可能使自己变得强大。如果不能全面地看待这个男孩的情况，我们可能会对他的做法百思不得其解。然而实际上，这类孩子的荒诞做法确实也存在着合理之处。这类孩子只有在他们年幼弱小的时候才最具备毫无条件的强大支配力。这个男孩既然缺乏自信，觉得自己一事无成，那么，我们还能期望他对未来抱有希望并为之努力奋斗吗？他会逃避所有能够检验他能力的场景。因此，他除了在人们对他失望，对他没有任何期待的环境中，他能够活动的范围非常有限。因此，他只能在有限的范围内寻求别人的认可，这种认可就像他年幼无助、依赖别人时所获得的一样。

让我们感到棘手的是，我们除了要和男孩的母亲和哥哥沟通以外，还要和他的父亲与教师进行交谈。这样的咨询工作需要花费大量精力，但是如果我们能够得到教师的帮助，那么工作将容易很多。

我们该如何解决男孩的问题呢？依据我们的经验，我们可以将男孩从这种困境中抽离出来。也就是说，安排这个男孩转学。这种方法不会给任何人带来伤害，没有人知道发生了什么，但这样却能够帮助孩子摆脱困境。当他进入新的学习环境之中，周围的一切对他来说都是陌生的，他不必担心再遭受别人的嘲笑。

第十四章
对父母的教育

实践和勇气是教育工作者必备的品质，无论发生任何情况，我们总有办法来挽救孩子。我们在教育孩子时，应谨慎小心、深思熟虑和理性判断，以冷静的头脑分析可能产生的效果，才能更有把握地取得预期的效果。另外，我们应该遵循一个原则，即教育宜早不宜晚。

善意的合作

这本书是专门为家长和教师而作的。我们并没有特别区分孩子的成长和教育是受父母影响还是教师影响，关键在于他们是否得到了良好的教育。这里的教育并不是指在学校接受的学科教育，而是人格发展的心理教育。尽管在孩子的教育方面，父母和教师都做出了各自的贡献，父母纠正学校教育的错误，教师则弥补家庭教育的不足。但在当今的社会经济条件下，对孩子的教育，教师负主要责任。这可能是因为家长对新型的教育理念并不敏感，而教师教育孩子是他们的职业责任，也是兴趣所在。个体心理学强调学校应该倾注更多的力量来教育孩子，虽然父母的养育也是必不可少的。

在进行教育工作时，教师会不可避免地和父母产生矛盾。特别是当教师所纠正的孩子偏差行为正是家庭教育的问题所在。这样，父母很容易认为教师是在指责自己的失职。那么，在这种情况下，教师该如何处理与父母的关系呢？

教师应该把家长的问题当作一个心理问题来处理。如果家长看到以下的讨论，请不要生气，这里毫无冒犯之意，这种讨论只针对那些认识力不足、不够明智的家长，然而这些家长已经成了教师在做教育工作时一定要面对的对象。

许多教师说过，跟问题儿童的父母打交道要比跟问题儿童本人打交道更加困难。这也说明，教师在和家长打交道时要运用策略和技巧。教师还应该有这样的认识：家长不必为孩子身上所出现的问题负责任。毕竟，他们并不善于运用专业的教育技巧指导孩子，他们只是按照约定俗成的方法来管教孩子。当他们接到学校的通知来处理孩子的问题时，他们觉得像是自己犯了错一样。这种感觉也反映了他们的内疚心理，他们应该得到教师富有技巧的对待。教师应该安抚家长的情绪，使他们心平气和、态度友好。教师也应该向家长表现出善意和帮助的态度，以此得到家长对他们工作的支持。

即使我们有足够的理由责备家长，我们也不应该这么做。如果我们能让他们和我们站在统一战线上，说服他们改变态度与我们合作，用我们倡导的方法来教育孩子，那么，我们的工作就能取到更好的成果。简单粗暴地否定他们以往的教育方法是起不到作用的。我们所要做的就是尽力使他们采取新的教育方法。孩子不可能是一夕之间变坏的，总有一个演变的过程。家长对此并非没有察觉，他们也会怀疑自己在教育过程中忽视了什么。我们在和家长交流时不能生搬教条。即使是向他们提建议，也不应该用命令的口吻，而是应该尽可能多地尝试“或许”“可能”或者“你可以尝试一下”这样的句式。即使我们知道他们错在哪里，怎么纠正，我们也不能贸然提出，以免给他们一种强迫的感觉。

有趣的是，富兰克林在自传中也曾表达了同样的观点。他写到，他的一个朋友认为他太咄咄逼人，于是他给自己定下规矩，绝不正面反驳别人的观点，也绝不直接肯定自己的观点。在表达观点时不允许自己运用“当然”“肯定”等含有绝对意义的字眼，取而代之的是“我以为”“我觉得”“这可能”等表达句式。当别人的观点在他看来可能是错误的，他也不会直接反驳他的观点，而是回答说，“他的观点在有些情况下有其合理之处，不过在我看来，这种说法在当前这种情况下可能有点不同”等。于是他能更加愉快地和别人进行交谈了。

富兰克林的这一经历可以说明，盛气凌人、咄咄逼人的做法是不合时宜和徒劳无益的。生活中不存在适用于所有人的基本定律，规则一旦超出适用范围，自然会失去效力。我们不能否认，生活中确实需要措辞激烈的时候。但是，如果我们能够体察到那些家长已经心存羞愧并为自己的孩子忧心忡忡，他们将要为自己的问题孩子再次蒙羞的情况，我们就不会对他们疾言厉色。又或者我们认识到，如果没有家长的合作，我们的教育就一无所成，就算是为了帮助孩子，我们也应该采取富兰克林的方法。

正面管教

证明自己教育方法的正确性或优越性是没有意义的，主要目的还是希望帮助孩子。在此过程中我们必然会遇到需要我们克服的困难。许多家长听不进任何建议。他们会感到吃惊或生气，甚至会表现出不友好的态度，因为教师把他们和他们的孩子置于一种令人不快的境地。这种家长很可能会闭塞视听，逃避现实。但是他们现在却被迫去面对现实，这对他们来讲确实是一件不愉快的事情。由此不难想象，当教师心情急切或者情绪激动地向家长谈起孩子的问题时，他们将很难得到家长的支持。甚至有些家长会采取更加极端的行为，他们会对教师大发雷霆，然后转身离去。此时最好的办法就是，教师向家长表明：他们的教育工作少不了家长的配合。然后引导家长的情绪，使他们能够态度友好、心平气和地交流。我们不要忘记，很多家长太过墨守成规，自然很难从传统的束缚中挣脱出来。

例如，如果一个父亲十年来都是以严词厉色的方式教育孩子的，那么想让他在朝夕之间转换态度几乎是不可能的。我们可以推测，即使这位父亲真的变得态度友好、慈爱起来，他的孩子也不会相信这种改变是真诚的。他会觉得这是父亲的一种权宜之计，他要用很长时间才会相信父亲的这种转变是真实的。这种情况在高级知识分子身上也同样存在。一位任职中学校长的父亲习惯性地对自己的儿子横加批评与指责，几乎把孩子逼到崩溃的边缘。这位校长在和我们的谈话中意识到了问题所在，但当他回到家以后，他还是对自己的孩子进行了一番言辞苛刻的说教。他发脾气是因为孩子表现懒散，一旦孩子做出让他不满意的举动，他就会对孩子大发脾气，进行严厉刻薄的批评。如果在本身就是教育者身份的校长身上都会发生这种情况，那么可想而知，对于那些从小就耳濡目染棍棒教育的人，让他们转变态度实在是一件难事。因此，教师在和家长交流时应该运用言辞委婉、富有技巧的方法。

我们不要忘记，棍棒教育在底层社会是非常普遍的。所以，当孩子出现问题、在学校接受了谈话矫正之后，回到家里，等待他们的还有家长的棍棒。在这种情况下，孩子经常要为自己的同一个错误受到两次惩罚，而在我们看来一次惩罚已经足够。

这种双重惩罚会给孩子带来非常严重的负面影响。假如孩子不得不把自己糟糕的成绩单交给父母，他往往会因为害怕受到父母的棍棒教育而在成绩单上伪造父母的签字，或者因为害怕受到学校管理制度的惩罚而逃学。对于这些看似微不足道的小事，我们不能掉以轻心。我们要结合孩子的处境来考虑孩子的问题。我们要问问自己这些问题：如果我们一意孤行，会产生什么后果？孩子对此会受到怎样的影响？我们有多大的把握，我们的所作所为会给孩子带来积极有益的影响吗？孩子有足够的能力承受我们带给他的压力吗？他真的能够从中获得有建设性的收获吗？

孩子和成人在困难面前的表现会有所不同。我们在教育孩子时，应谨慎行事，在我们试图重塑孩子的生活模式之前，我们应该以冷静的头脑分析可能产生的效果。只有那些在从事儿童教育工作中能够进行深思熟虑和理性判断的人，才能更有把握取得预期的效果。实践和勇气是教育工作者身上必备的品质，无论发生任何情况，我们总有办法来挽救孩子。首先，我们应该遵循这条古老却是大家公认的规则，即教育宜早不宜晚。那些将孩子视为一个整体并将孩子的问题视为整体中的一部分的人，比那些机械地看待孩子的缺点并运用僵硬的模式处理问题的人更能理解和帮助孩子。例如，后者在孩子没有完成家庭作业的时候，会立刻将情况告诉孩子的家长。

我们正在进入这样一个时代：新的观念、方法和理解会在儿童教育领域不断出现。在科学的指引下，那些陈旧的教育习俗和传统正在被淘汰。新知识的出现加重了教师的责任，他们也因此对儿童出现的问题了解得更加深入，这同时也赋予了他们更多的能力去帮助这些孩子。关键的是，我们对孩子行为的研究一旦脱离了整体的人格，将会变得毫无意义。我们只有将孩子的行为与他的整体人格联系在一起，才能明白他这个行为的真正意义。

附录1

个体心理问卷

本问卷供理解和矫治问题儿童之用，由国际个体心理学家协会拟定。

1. 引起孩子出现问题的原因是何时出现的？当孩子初次暴露出问题时，他处于怎样的情境（心理的以及其他的）？

可以参考的重要情境有：环境改变、入学、家庭中新生儿的降生、在学校遭遇了失败和挫折、转校、孩子生病、父母离婚、父母再婚、父母死亡。

2. 孩子在问题出现之前，是否出现了一些反映特殊心理或者生理缺陷的特点？例如，孩子在吃饭、穿衣、洗澡、睡觉的时候是否表现出胆怯、大意、内敛、愚笨、嫉妒、羡慕、依赖别人等心理特点？孩子是否害怕黑暗或者独处？他是否理解自己的性别角色？他是否理解第一性征、第二性征或第三性征？孩子是如何看待异性的？他对自己的性别角色了解多少？他在家庭中的角色是继子、养子还是孤儿？他是否在合理的时期学会说话和走路？学习的过程有没有遇到困难？在学习阅读、写字、唱歌、游泳时，孩子是否表现得格外吃力？孩子是否表现出特别依恋身边的亲人？

关键要确定孩子对环境是否富有敌意，找到他产生自卑心理的根源；确认孩子是否表现出自我中心主义，是否有着过分敏感的性格特征。

3. 孩子经常制造出许多麻烦吗？他最害怕什么？他最惧怕谁？他在晚上睡觉时候是否哭喊？他会不会尿床？他在面对比他弱小的孩子时，是否会颐指气使？他有没有和父母一起睡觉的心理诉求？他是否表现得举止笨拙？他是否患过佝偻病？他的智力水平如何？他是否经常遭受别人的嘲弄和挑逗？他在发型、服饰、鞋袜等方面是否表现出虚荣心？他有咬指甲或挖鼻孔的习惯吗？他吃东西的时候是否表现出一副贪婪的模样？

了解孩子是否能够自信地追求优越感，了解孩子的固执是否阻碍了他听从自己的意愿行事，这对我们来说具有很大的启发意义。

4. 孩子在交友方面有困难吗？他对待人或者动物是否富有爱心和同情心？他是否有收藏物品的爱好？他对待自己的收藏品是否表现得吝啬和贪婪？他是乐于领导和指挥别人，还是更倾向于独处？

这些问题可以检验孩子的人际交往能力和信心程度。

5. 结合以上所有问题的回答，考察孩子目前的情况：他在学校表现如何？他是否喜欢学校？他上学是否准时？他上学是否情绪激动？

他上学是否慌忙仓促？他经常丢失书本、书包和练习本吗？他在参加考试之前，是否激动紧张？他是否经常忘记做作业或者拒绝做作业？他在做作业时是否浪费时间？他懒惰吗？他上课时能否集中注意力？他扰乱课堂纪律吗？他如何看待教师？他对教师是挑剔、傲慢还是冷漠的态度？在学习上，他是主动请教别人还是被动等待别人的帮助？他是否在体育项目上怀有雄心？他认为自己天赋高，还是天赋泯灭？他阅读的领域广泛吗？他对哪种形式的读物感兴趣？

这些问题帮助我们理解孩子对学校生活所做的准备，帮助我们理解他们经历学校这个新环境考验的结果及其对困难的态度。

6. 我们应该了解孩子所处的家庭情况，其中包括家庭成员的疾病状况，家庭成员中是否有人酗酒，是否有犯罪倾向，是否体质羸弱，是否患有神经性疾病、梅毒、癫痫病等？家庭中是否有人死亡，死亡发生的时候孩子多大？家庭的气氛如何？父母对孩子的教育是否严苛？家长对孩子是挑剔抱怨还是溺爱无度？家庭的影响是否造成了孩子对生活心怀恐惧？家人对孩子的监管情况如何？

我们可以通过孩子对待家庭的态度判断孩子在家庭环境中所受到的影响。

7. 孩子在家庭中的位置：他是家庭的长子、幺子、独生子还是独生女？兄弟姐妹之间是否存在竞争？孩子是否常常哭闹，是否有恶意嘲笑的行为？孩子是否有贬损别人的强烈倾向？

这些问题对于我们研究孩子的性格有着重要的意义，这些能够帮助我们了解孩子对待别人的态度。

8. 孩子对职业的选择有什么理解？他如何看待婚姻？家庭其他成员从事什么职业？父母的婚姻生活的满意度如何？

通过这些问题，我们可以得出孩子是否对未来充满勇气和信心的结论。

9. 孩子最喜欢的体育项目是什么？他喜欢的历史人物和文学形象都有谁？他是否喜欢破坏别人的游戏？他是否喜欢冷静思考？他有做白日梦的行为吗？

通过这些问题，我们能够看出孩子是否倾向于在生活中扮演一个英雄角色。如果没有这种倾向，那就表明孩子缺乏勇气和信心。

10. 孩子有哪些早期的记忆？他是否做一些诸如飞行、高空坠落、四肢无力和追赶不上火车的梦，这些梦是否周期性地出现？他是否还做一些焦虑性的梦？

通过对以上问题的研究，我们可以发现孩子是否有孤立自闭的倾向，他是小心谨慎还是雄心勃勃，由此还能了解到他是否对特定的人或生活方式有所偏好。

11. 孩子在哪些方面表现得灰心丧气？他认为自己被别人忽视了吗？他如何对待别人的关注和赞美？他有没有迷信的观念？他是否会回避困难？他是否对所有事情都只有三分钟热度？他对未来有明确的

目标吗？他是否相信天赋和遗传的不良影响？他所处的环境是否让他沮丧泄气？他对生活都持悲观态度吗？

这些问题的回答可以帮助我们确定孩子是否已经对自己丧失了信心，是否选择了一条错误的道路。

12. 孩子是否爱耍花招？他有没有诸如扮鬼脸、装傻充愣、耍小孩子脾气、出洋相等坏习惯？

孩子在这些方面会表现出些许的勇气，以达到吸引别人注意的目的。

13. 孩子是否有语言缺陷？他长相是否丑陋？他是否有畸形足或者罗圈腿？他是否身材矮小还是特别高挑，或者特别肥胖？他的身体比例是否协调？他的眼睛或耳朵是否正常？他是否智力迟钝？他是否左撇子？晚上睡觉会不会打呼噜？长相是否格外美丽（俊朗）？

孩子通常会夸大以上所说的不足或缺陷，以此为丧失信心的借口。那些长相漂亮的孩子也经常在成长过程中出现问题，因为他们认为自己不需努力就能获得一切。这类孩子会错过很多锻炼自己应对生活的机会。

14. 他是否会经常谈及自己能力不如别人，埋怨自己对待学习和生活“缺乏天赋”？他是否有过自杀的念头？他的失败和制造麻烦之间是否存在时间上的联系？他是否太过看重表面上的成功？他是卑躬屈膝、执拗顽固还是桀骜不驯？

这些问题能看出他失望气馁的程度。当孩子无法走出困境的时候，这些表现会变得尤为明显。他的失败原因有可能是努力无果，另外就是由于他对交往的人缺乏了解。但无论如何，他都要满足自己对优越感的追求，因此他就将注意力转向那些较容易的方面。

15. **找出孩子取得成功的事例。**

这些成功的事例会给我们重要的启示。因为孩子在取得成功的领域可能表现出自己真正的兴趣和方向，而这种兴趣指向可能会与孩子一直以来努力的方向截然相反。

在实际操作中，以上这些问题不宜以一种固定不变、程式化的顺序向孩子提出来，而是自然而然地在生活的谈话中提出。根据孩子对上述问题的回答，我们可以正确地理解和把握孩子的个性。我们将会发现，错误并不能通过辩护而变得合理化，但却能够被认识和理解了。我们应该耐心友善地向孩子解释他们在问卷中暴露出来的错误，而不是威慑孩子或是说些攻击性的话。

附录 2

五个孩子的个案及其评论

心理学的目的就在于了解一个人应该怎样运用自己的印象和经验。换而言之，心理学试图了解孩子的整套知觉系统——了解孩子应对刺激会做出怎样的反应；了解孩子如何看待受到的刺激；了解孩子如何利用环境来实现自己的目标。

案例一

这个案例的主角是个15岁的小男孩，他是家里唯一的男孩。他的父母很勤恳地工作，家庭条件还算富足。父母给予孩子无微不至的照顾以确保他能健康地成长。因此，孩子的早年生活是快乐而健康的。他的妈妈是个善良的女人，但是比较爱哭。她说起自己孩子的事情来断断续续，听起来很吃力。我们对孩子的父亲不是很了解，据母亲透露，孩子的父亲是一个诚实且精力旺盛的人。他非常看重家庭，对自己也很有信心。当男孩还很小的时候，如果他不听话，他爸爸就会说："如果我们现在不逼他就范，将来他就会变本加厉。"所谓"逼他就范”并不是谆谆教诲，而是每当孩子做错什么事，他就打骂孩子以作惩罚。如此一来，这个孩子在很小的时候就有反抗意识，主要表现在他想成为家里的主人。拥有这种愿望的孩子大多是那些被宠坏的独生子。这种孩子在很小的时候就表现出了一种强烈的反抗意识。具体表现为，只要父亲不举起手中的鞭子，他就不会服从。

我们在这里稍作分析，了解一下孩子最鲜明的性格特点——撒谎。他习惯用撒谎来逃避父亲的惩罚。孩子身上的这个性格缺点也深深地困扰着孩子的母亲。如今这个男孩已经15岁了，但它的父母却依然分不清这个孩子说的是实话还是谎话。通过了解我们得知，这个孩子曾有过一段在教会学校读书的经历。那里的教师也经常抱怨这个男孩不服管教，扰乱课堂秩序。很多时候，教师在向其他同学提问时，他却大声说出答案；在教师讲课的时候，他会打断教师提问题；又或者在上课时和同学大声说话。他是个左撇子，因此他的作业字迹潦草难以辨认。最后，他的行为越来越让人难以忍受，他害怕父亲的惩罚，于是就撒谎骗他。他的父亲原本还期望他留在学校完成学业，可是过了不久，学校就通知他的父母来办理退学，因为他的教师觉得这个孩子实在无可救药了。

这个孩子看上去很活跃，智力也属于良好的范畴。他完成公立小学的学制后，就要参加升入初中的考试。考完试以后，他对在考场外一直焦急等待的母亲说，他的考试通过了。他的家人都很高兴，为此还在夏天一起去乡村度了假。后来学校开学了，他经常和家人提及中学发生的事情。他每天早上背上书包去上学，中午回到家里吃饭。但是有一天，他的母亲送他上学陪他走了一段路，她听到有个人在说：

“那不是早晨给我带路去车站的孩子吗？”他母亲问孩子这个人说的是什么意思，他上午是不是逃学了。他解释说学校上午十点就放学了，那个人向他问路，他就直接将他带到了车站。他的母亲并不相信他的解释，并将这件事告诉了他的父亲。他的父亲决定第二天陪他一起上学。在一起去学校的路上，他父亲不断地询问，后来发现孩子并没有通过入学考试，他自然也从来没有去学校上过学，只是一直在路上闲逛而已。

后来他的父亲给他请了一个家庭教师。最终孩子通过了入学考试。但在入学以后，这个孩子的行为丝毫没有得到改善，他一如既往地扰乱课堂秩序。他还染上了偷窃的恶性。他偷了母亲的钱，却抵死不认，直到他的家人威胁他要把他交给警察处理，他才承认了这件事。这个案例接下来则变成了一出忽视孩子教育的悲剧。这个曾经骄傲地认为自己可以“逼他就范”的父亲，现在则将孩子视为无可救药的人。他们对孩子的惩罚是：虽不再体罚他了，但是也不再理他，不和他说话，也不关注他。

在回答孩子什么时候开始出现问题时，他的母亲说：“从他出生开始。”他的母亲的言外之意就是，既然父母已经对孩子尝试了各种各样的方法，却依然不能纠正孩子的错误，那么这个孩子的恶劣品行一定是与生俱来的。

这个男孩在他婴儿时期经常表现得十分烦躁，他不论白天黑夜都在啼哭吵闹。但是看过的医生都认为孩子很正常，身体也很健康。

而情况却没有看上去那么简单。婴儿啼哭确实属于正常现象，但其原因却是各种各样的。这个案例中的男孩是家里的独生子，他的母亲可能缺乏这方面的经验。孩子啼哭通常是因为尿湿了，但是他的母亲却将他抱起来，来回地摇晃，喂他喝奶。她应该找出孩子啼哭的真正原因，其实只要给孩子换张尿布，让他感觉舒适，他自然就不会再哭了，也不会像现在这样给他留下不良影响。

据他的母亲说，男孩在正常的年龄毫无压力地学会了说话和走路，牙齿的发育也非常正常。虽然孩子经常会毁坏玩具，但这并不意味着孩子的品行不好。值得注意的是，他的母亲说，“孩子无法单独玩耍，哪怕一分钟也不行。”那么，母亲应该如何训练孩子单独玩耍呢？方法只有一个，那就是给孩子单独玩耍的时间。在孩子玩耍的时候不要频繁地干预他，让他学会独处。我们怀疑这个母亲并没有这么做，她的一些言论也证明了这一点。例如，孩子非常依恋她，总是让她忙个不停等。孩子渴望得到母亲的宠爱，这也是留在他心灵里最早的印迹。

“孩子从来没有单独一个人待着。”

他的母亲这么说，显然是一种自我辩护。

“他从来没有一个人独处过，直到今天，他也不愿意一个人待着，哪怕只有一小会儿。在夜晚他就更不可能独处了。”

这也是孩子极度依赖母亲的证据。

“他从不害怕什么，也不知道害怕为何物。”

这似乎与心理常识矛盾，因为这一结论与我们的研究发现不相符。不过进行深入考察，我们就会发现，因为孩子从来没有一个人独处过，所以他完全没有害怕的必要。对这种孩子来说，害怕就是迫使别人和他在一起的手段。如此他就没有害怕的理由，但如果让他一个人独处，他的害怕情绪将会无所遁形。下面是另一个看起来有点矛盾的陈述。

“他特别害怕父亲的鞭子。以此看来，他也确实有感到害怕的时候，但当他受了一顿鞭打之后，他会很快就忘了这码事，重新变得兴奋起来，就算有时候他被父亲的鞭子打得很厉害。”

我们在这里能够看到孩子父母对待他的强烈对比：母亲事事迁就孩子；而他的父亲则对他异常严格，试图校正妈妈的软弱温柔。父亲的严厉苛刻会把孩子推向母亲那一边去。换句话说，孩子会转向那个宠爱、纵容他的人，他从母亲那里能够轻而易举地获取所需。

孩子6岁的时候去教会学校读书，这时他受到教师的监护。那个时候就有人反映，这个孩子活泼好动、调皮淘气和注意力不集中。他的父母为了改正孩子行为的错误，经常教导他必须在课堂上保持安静，这样才不会打扰别人。听到这种陈词滥调时，我们不禁怀疑这对父母是否还具备常识。实际上，孩子和成人一样是非分明、明辨对错。但是孩子更专注于他自己的事情，他想成为众人的焦点，如果他保持安静就达不到自己的目的，而通过努力来获得关注又太艰难。他既然有这样的目标，我们就能够为他的行为做出合理的解释了。很明显，父亲的鞭打教育收效甚微，据母亲说，一旦他的父亲离开，孩子就依然如故。体罚教育治标不治本，这虽然能让他安静一小会儿，却不能从根本上改正他的错误。

“他总是控制不了自己的脾气。”

很明显，对于那些渴望得到别人关注的孩子来说，发脾气是一种不错的方法。我们知道，人们经常把孩子发脾气当作他们想要别人都服务于他的一种手段，这种情绪的产生是带有目的性的。

“他习惯把家里的各种东西带到学校，然后换钱，再招待他的朋友们。他的父母发现这种情况后，每天上学之前都会先搜他的身。无奈之下他只能中止这种行为，但他马上又沉溺于扰乱课堂秩序、捉弄别人的乐趣之中。如果他的父亲没有严厉地惩罚他，恐怕至今他都难以改掉这一恶习。”

他热衷于搞恶作剧的原因是，他渴望得到别人的关注，他的做法会触怒教师，他想以此证明自己敢于挑战学校制度。

“他的恶性逐渐减少了，然而会不时地故态复萌，一如既往。最后，学校把他开除了。”

这也证实了我们之前所说的观点。这个孩子努力想得到别人的认可，在这个过程中自然会遇到许多困难，他自己也能够意识到这一点。除此之外，如果考虑到他还是个左撇子，我们就更能了解他的心理活动。可以想见，尽管他想逃避困难，但却无处可逃，他没有面对困难的信心。他越害怕困难，就越想证明自己的价值。他持续地挑战学校的纪律与制度，直到学校把他开除。如果学校的教育目的就是不允许个别学生扰乱其他学生，那么开除这个男孩无可厚非。不过，如果我们相信教育的目的是矫正孩子的缺点，那么开除就不是那么适宜的做法了。既然孩子能够轻易地获得母亲的关注，那么他就不需要在学校刻苦学习了。

需要指出的是，孩子的父母在某个教师的提议下把孩子送到了一个儿童监管所，那里的管理要比学校严格得多，但这次尝试依然没有什么收获。他的父母依然是孩子的主要监管人。孩子每周回家一次，对此他很高兴。但是如果他没有被允许回家，他也不会表现得特别沮丧。这是很容易理解的，他想扮演男子汉的角色，而真正的男子汉并不十分介意被鞭打，不管事情发展到何种地步，他都不允许自己流泪，他不想做有违男子汉身份的事情。

“他的学习成绩并不很差，因为他一直得到家庭教师的辅导。”

从这一点我们可以得出结论，这个孩子缺乏独立意识。教师说，这孩子如果能够静下来学习，他会取得更好的成绩。我们相信这孩子能取得更好的成绩，因为除非是智力有障碍的孩子，任何孩子都能通过努力取得好成绩。

“他没有绘画的天赋。”

这一点很重要，因为我们可以由此看出，他并没有完全克服自己右手的笨拙。

“男孩的体操很好，他很快就学会了游泳，一点也不怕水。”

这表明他并未完全丧失勇气，他只不过把自己的勇气用在了那些不重要的事情上，因为他觉得这些事情做起来更得心应手，获得成功的机会也更大一些。

“他没有什么害羞的心理，他跟任何人都能侃侃而谈，无论对方是门卫还是校长。尽管他已经被多次警告不要如此鲁莽唐突。”

我们知道，他从来不在乎人们明令禁止的事情，因此我们不能把他的这种肆无忌惮的行为当成勇敢的表现。大部分孩子都能意识到学校教师、学校管理人员与他们之间的距离。但这个孩子连父亲的鞭打都不忌惮，自然也就不会害怕校长，为了显示自己的重要性，他常常会傲慢无礼地讲话，以此来达到自己的目的。

“他对自己的性别角色没有明确地认识，但是他经常告诉我，他不喜欢女孩。”

这并没有明确的迹象向我们表明他对自己的性别抱有何种态度，不过不难看出，和那些行为恶劣的孩子一样，他有轻视女孩的倾向，并能够从这种轻视中体会到一种作为男性的优越感。

“他没有真正的朋友。”

这并不难理解，因为其他孩子也并不总是喜欢被人领导。

“他的父母至今还没有向他解释关于性方面的事情。他总是表现出一种强烈的控制欲。”

他对我们想要了解有关于他的事实十分清楚。这就是说，他清楚地知道自己到底想要什么。但有一点毫无疑问，他并不清楚他无意识的目标和他生活中的行为之间有什么联系。他也不理解自己强烈的控制欲的范围和根源。他想控制别人是因为他在他父亲身上看到了对家庭的统治。越是想要控制别人就表现得越虚弱，因为他必须因此依赖别人。而他行为的榜样——他的父亲却是在自我克制中控制家人的。换句话说，孩子的虚弱使他变得野心勃勃。

“他总是惹是生非，甚至连面对那些力量比他强大的人也是这样。”

但对付那些能力比他强的人似乎更容易一些，因为这种人身上有强烈的责任感。顺便说一点，男孩只有在放肆无礼的时候才会有自信的感觉。但他很难改正自己的行为，因为他缺乏自信心，只能用放肆无礼的行为来遮掩这一点。

“他并不自私，总是慷慨地赠予别人。”

如果我们把他的这种行为看成是他心地善良的表现，我们就会发现这并不符合他的性格特点，要知道，有些人会用慷慨大方的表现来展示自己的优越感。重要的是，我们要看到这种性格特征是如何与控制欲联系在一起的。孩子认为慷慨赠予的行为会使自己更有价值。他有可能是从他爸爸那里学会了通过慷慨来自我炫耀。

“他经常给别人制造麻烦，他最害怕自己的父亲，其次是母亲。他并没有赖床的习惯，虚荣心也不是很强。”

这里所提到的虚荣心指的是外在的虚荣，他内在的虚荣非常强烈。

“他改掉了挖鼻孔的坏习惯。他是个固执的孩子，对食物很挑剔，也不喜欢吃蔬菜和肥肉。他对与别人培养友谊并不感兴趣，但他喜欢和他能够控制的孩子交往，而且他非常喜欢动物和植物。”

喜欢动物的背后隐藏着一种渴望控制别人的欲望。这种喜好当然不是坏事，因为可以使人与世界万物达成和谐统一。不过，就案例中的男孩而言，这种喜好则表现出了一种控制欲，即他总是想方设法地让母亲为他操心。

“他表现出极大的控制欲，当然并不是一种智力上的控制欲。他喜欢收藏物品，却常常因为缺乏耐心而有始无终。”

这种孩子最大的悲哀就是，他们做任何事都是虎头蛇尾、有始无终的。因为有结果就意味着要承担责任，他害怕承担责任。

“10岁以后，孩子的行为在整体上会有所改善。因为他在街头上总喜欢用争强好胜来表现自己的优越性，所以他不愿意安静地留在家里。经过艰苦努力，他的行为才会有所改进。”

父母把他控制在家里狭小的范围内的做法最能满足他自我肯定的欲望。在这个狭小的空间里，他会制造出各种麻烦。如果对他进行适当监护，应该让他去街上玩耍。

“孩子回到家的第一件事就是做作业，他并没有表现出想要离开家的意愿，但他却总是想方设法地消磨时间。”

当我们把孩子限制在狭小的空间里，并监视他们学习时，我们会发现孩子并不能集中注意力，他总是将精力放在其他事上。因此，我们必须给予孩子足够的活动空间，让他和其他孩子一起玩耍。

“他以前很喜欢上学。”

这表明以前教他的教师对他并不严厉，因而他也很容易扮演英雄角色。

“他经常丢失课本，但他并不害怕考试，他相信自己能够做好任何事。”

这是一种相当普遍的性格特征。如果一个人在任何情况下都能保持乐观，有时恰恰说明他不自信。这种人当然是悲观主义者，不过，他们总有办法枉顾逻辑，陶醉在自己的所有事情都能取得成功的梦幻之中；他们会对自己的失败表现出惊奇。他们无法摆脱宿命论的控制，因而总是表现出一种乐观主义精神。

“他无法集中精神。有些教师喜欢他，有些教师则厌恶他。”

喜欢他的是那些性格比较温和的教师。对于这类教师，他很少制造麻烦，因为教师没有对他提出过高要求，他可以比较容易获得关注。他和大部分被宠坏的孩子一样，既不愿意集中注意力，也缺乏这种习惯。在他6岁之前，他都没有这样做的必要，因为他的母亲会为他安排好一切。他在生活中的一切事都能预先被安置妥当，他就像一只被豢养在笼子里的小鸟一样。一旦遇到困难，他就会感到缺乏准备。

他缺乏应付困难的办法，他对任何人都不感兴趣，因此无法与人合作。他既没有独立完成事情的愿望，也没有这方面的自信。他所拥有的只是想要引人注目的欲望，一种不费力气就能引人注意的欲望。但在这里，他没能扰乱学校的秩序，也没有得到别人的注意，这更加剧了他的不良行为。

他对所有事都心不在焉，他总是想着以最轻松的方式去做每件事，也从来不会顾及别人的感受。这已经成为他生活的主旋律，这种主旋律的具体表现有诸如偷窃、说谎等。

他生活风格中的错误是非常明显的。虽然他的母亲刺激了他部分社会情感的发展，但无论是温和的母亲还是严厉的父亲，都没能为他的社会情感的进一步发展指出明确的方向。孩子的这种社会情感只存在于他母亲的活动范围之中，在这个范围里，他感到自己是人们关注的中心。

因此，他对优越感的追求不是指向社会有用的方面，而是指向于满足自己的虚荣心。为了将孩子的优越感引向正途，我们必须重塑他的性格发展，帮助他重拾自信心，只有这样他才乐于听取我们的意见。同时，我们还应该弥补他母亲对他教育的不足，为他扩展社会关系的范围，他还要和父亲达成和解。对孩子的教育要持续并循序渐进，直到他发现自己以往生活方式中的错误。当他的兴趣不再集中在一个人身上，他的独立性和勇气会随之增强，这样他就会把对优越感的追求转向对社会有用的方面。

案例二

这个案例的主角是个10岁的小男孩。

“学校反映，这个孩子的成绩非常糟糕。他的学习进度已经落后三个学期了。”

10岁的孩子学习落后3个学期，我们简直要怀疑他是否有智力障碍了。

“他现在就读三年级，IQ常数是101。”

这就证明了孩子并没有智力上的问题。那么他成绩不好的原因是什么呢？他为什么总是扰乱课堂秩序呢？我们发现，他对优越感有着强烈的追求，他也有一定的活动能力，但是这种追求全都指向了对社会无用的方面。他希望自己能够发挥创造力，取得一定的成就，他想得到别人的关注，这些都是正常的，但他追求的方法显然是错误的。他喜欢和学校对着干。他非常好斗，将他的反抗全都表现在了学校生活之中。因此，我们也不难理解他成绩很差的原因了，他这种好斗的性格难以适应学校的常规秩序。

“他不愿服从命令和纪律。”

这是显而易见的。他这样做自然有他的明智之处。换句话说，他行事只有他的一套方法。对于一个好斗者来说，他肯定要抗拒别人的命令。

“他和其他孩子打架；他把自己的玩具带到学校去。”

这意味着他想制造一个属于自己的世界。

“他口算不好。”

这意味着他缺乏社会意识以及与之相配的社会逻辑。

“他有语言障碍，他每周都要参加一次语言训练班。”

这种语言缺陷并不是生理器官造成的。这是他缺乏合作能力的体现。一个人的语言水平体现了这个人对社会合作的态度，个体必须与别人发生联系。男孩在语言上的缺陷正好成了他好斗的武器。他并不希望自己的这一缺陷得到矫正，我们不必对此大惊小怪，因为接受治疗就意味着他必须放弃这个引人注意的武器。

“当教师与他说话时，他的身体总是左摇右晃。”

孩子的行为表明他随时准备战斗。他并不喜欢教师找他谈话，因为这样他就不能成为人们关注的焦点了。如果教师和他谈话，他只能做一个聆听者，那么教师就成了征服者的角色。

“他的母亲（确切来说是继母。他尚在襁褓之中，母亲就去世了）抱怨说，这个孩子有点神经质。”

这个神经质的评价，将孩子许多糟糕的行为遮掩起来了。

“他是由他的两个祖母带大的。”

一个祖母带孩子的情形就够糟糕了，更何况是两个。众所周知，祖母对孩子的溺爱是非常可怕的。

我们可以想象，这两个祖母之间会产生激烈的竞争。她们都想证明孩子更喜欢自己。当然这个处在竞争之中的孩子是最大的受益者，他仿佛置身于天堂之中，他可以随心所欲。孩子什么都不用做，他只需要向祖母说另一个祖母曾给过他什么，他就能轻而易举地得到想要的东西。在家里，这个孩子也是人们关注的焦点。但当他到了学校，在这个新环境中没有两个祖母，只有教师和许多同学，他认为想要引人注目的唯一办法就是好斗和反抗。

“他和祖母生活在一起的时候，成绩并不好。”

学校并不适合他，他没有得到适应学校生活的训练。学校是对他的合作能力的一种测试，但他在与人合作方面也缺乏准备。母亲是最能发展孩子这种合作能力的人。

“孩子的父亲一年半前再婚了，于是他就跟他的父亲和继母一起生活。”

毫无疑问，孩子的处境异常艰难。如果继母或者继父参与了孩子的生活，那么孩子就会产生麻烦，甚至可以说他的麻烦有增无减。对孩子的成长和教育来说，继父母的问题由来已久，至今也没有得到妥善解决。孩子是这个难题最大的困扰者。我们没有说继父母的问题无法得到解决，但这个问题的确只能得到某种程度的解决。继父母不应该将孩子的喜爱视为理所当然，而是应该尽力去争取他们的喜爱。由于这两个祖父母的参与将情况变得更复杂了，他的继母与孩子相处的难度也就更严重了。

“继母刚刚进入这个家庭之时，也曾经试图向这个孩子表达爱意。为了赢得这个孩子的喜欢，她尽其所能地做了很多事。问题在于他的哥哥也是一个麻烦制造者。”

家里有两个好斗的人。我们可以想象，这两个孩子之间的较量只会加剧他们的争斗欲望。

“孩子害怕父亲并且服从父亲的管教，但他并不听母亲的话，为此母亲经常向孩子的父亲求助。”

这实际上也承认了母亲无法管教这个孩子。所以教育的责任就转移到了母亲身上。母亲会将孩子的一举一动反映给他的父亲，当她威胁孩子说“我将告诉你爸爸”时，孩子就会以为，她没有能力管教他，她已经放弃了这个责任。于是，孩子便寻找机会对她颐指气使。这个母亲的这种言行也反映出了她的自卑情结。

“如果孩子答应听话，他的母亲就会带他去商场，并买礼物送给他。”

这表明母亲正处于一种艰难的境地之中。这是为什么？因为她生活在孩子祖母的阴影下，祖母在孩子心理占有更重要的地位。

“祖母只是偶尔来看望孩子。”

一个只在家里停留片刻的人扰乱父母对孩子的教育，这会给孩子的母亲带来许多麻烦与困扰。

“家里似乎每个人都不喜欢这个孩子。”

家庭里的每个人似乎都不再喜欢这个孩子了。甚至曾经纵容溺爱他的祖母，现在也不喜欢他了。

“父亲会用鞭子教育孩子。”

体罚教育并不会给孩子带来多大的帮助。每个孩子都喜欢赞美，如果他得到别人的赞美，就会感到高兴和满足。但他并不清楚如何正确地得到别人的赞美，他更希望自己不付出任何努力就能得到教师的赞美。

“如果他获得赞扬，他会更加努力地学习。”

所有想获得别人关注的孩子都是如此。

“教师不喜欢他，因为他总是郁郁寡欢。”

孩子只能采取这种办法，因为他是一个好斗的孩子。

“孩子尿床。”

这表明孩子想成为关注的焦点。不过，他是以间接的方式来争取这种关注的。这个方式的具体表现又有哪些呢？他会通过尿床迫使他母亲半夜起来。通过在夜晚大声喊叫、通过在床上阅读迟迟不睡觉、通过早上赖床、通过不良的进食习惯——无论是白天还是晚上，他都有办法使母亲为他操劳。因此，尿床习惯和语言缺陷就是他惯用的两种武器。

“母亲为了改掉孩子夜间尿床的坏习惯，会试图在晚上将他叫醒让他小便。”

母亲夜里要数次起来叫醒他，这样，孩子就达到了被关注的目的。

“那些孩子不喜欢这个男孩，因为他总是试图命令他们。而另一些弱小的孩子则试图模仿他。”

这个男孩其实是一个脆弱的、缺乏勇气的人，面对生活没有信心。那些弱小的孩子之所以想模仿他，是因为这些孩子和他类似，也想通过这种方式获得关注。

“另一方面，并不是所有的人都不喜欢他，当他的功课完成得很好时，有些孩子也乐于承认他取得进步。”

当他取得进步，其他同学也会为他感到高兴。这也证明了教师的教育是有成效的，他懂得怎样培养孩子的合作精神。

“孩子喜欢在街头和其他孩子踢球。”

当他确信自己能够成功，可以征服别人的时候，他乐于与其他人联系。

我们和母亲一起讨论这个孩子并向她解释，在孩子和祖母的关系中，她的处境并不乐观。孩子非常嫉妒他的哥哥，总是害怕不如哥哥。在我们向他表示诊所里的所有人都是他的朋友时，他依然保持沉默，一言不发。在男孩眼里，说话就意味着合作。而他没有合作的意愿，所以他始终闭口不言。这是因为他缺乏社会意识，他拒绝纠正自己的语言缺陷也是同样的道理。

这种抵抗方式或许令人感到诧异，但实际上，在很多成人身上我们依旧可以看到这种情形：用沉默来表达他们的抗拒情绪。我们在生活中经常看到这样的场景，一对夫妻发生了激烈的争吵。丈夫向妻子大声吼道，“你看你，现在又不吭声了。”妻子回答说，“我不是不吭声，而是不想说。”

案例中的这个男孩也是这种情况，他只是不想说话。当谈话结束时，我们告知他可以走了，但他似乎并不想离去，他的斗争情绪已经被激发出来，当我们再次告知他可以离开的时候，他仍然没有离去。我们要求下一次会面他和他的父亲一起来。

此时，我们和男孩说：“你一言不发是很正常的，因为他总是和别人的要求对着干。如果人们要求你说话，你就会闭口不言；如果要求你保持安静，你就会大声喧哗，故意扰乱课堂秩序。你觉得这样做很了不起。如果我们要求你‘不要说话’，那么你就会口若悬河。我们只需要提出与自己意愿相反的请求，你就会乖乖上钩。”

我们明显感觉到孩子有了想要表达的欲望，因为他觉得有必要说些什么。这样他就会通过语言交谈配合我们的工作。之后我们在向他说明他自己的情况，使他认识到自己的错误所在，通过这种方式他就会慢慢有所改善。

这时，我们要知道孩子在旧的环境之中通常是得不到改变的动力的。他的父母、祖母、教师和同学对他的看法已经固化了。孩子对他们的看法显然也是固定的。当他来到诊所之后，他就进入了一个新环境之中。事实上，我们也有必要尽可能地为他营造出一个崭新的环境。这样他在旧环境中形成的性格缺陷就会更好地暴露出来。在这种情况下，最明智的做法就是告诉这个孩子“你不能说话”，这个男孩就回答“我偏要说话”。这样就不会让男孩觉得有人直接和他交谈，我们就提前扫除了他的防御心理。

孩子在诊所通常会有许多听众，这会给他们留下深刻印象。在这个全新的环境里他可能会产生这样的想法：他不再受限于狭小的环境之中，家庭和学校以外的人也对他感兴趣，他成了更大环境中的一部分。这些都会使他想在新的环境中表现自己，尤其是当我们要求他下次再来的时候。他很清楚自己的情况是怎样的：诊所里的人将会询问他一些问题，了解他的进展情况等。一些孩子一周去一次诊所，而另一些则每天去一次，这要根据孩子的情况来定。在这里，人们培养他们如何与教师和平相处的能力。孩子们知道，在这个新环境下，他们不会受到批评和指责，他们做的每件事都会被拿出来接受人们公开的谈论。这就好比一对夫妻发生了争吵，其中一个人打开了窗户，那么争吵就会即刻停止，因为环境发生了变化。因为当窗户打开时，人们就可以听到他们争吵的内容，他们的性格缺陷就会暴露在人前。同样的道理，当孩子愿意来到我们诊所接受治疗，他们就成功地迈出了第一步。

案例三

这个案例的主角是个13岁半的男孩，他是家中的长子。

“孩子11岁时候，IQ是140。”

这就证明，他是一个聪明的孩子。

“自从他进入中学第二学期以来，他的学业几乎在原地踏步。”

根据我们的经验，如果一个孩子觉得自己很聪明，他就会产生一种自己不需努力就能达成目标的心理，这些孩子往往“聪明反被聪明误”，无法取得真实的进步。例如，我们发现，孩子进入青春期以后往往觉得自己要比实际年龄更成熟，他们想要摆脱孩子的身份。他们越是想去证明自己，越是会遇到许多麻烦。这样一来他就会怀疑自己是否真的像自己想象的那么聪明。因此，我们建议不要告诉孩子他有很高的智商。孩子智商的高低，不应该让他自己知道，也不应该让家长知道。因为这种做法是非常危险的，这很可能成为一个聪明孩子失败的原因。一个野心勃勃的孩子，如果他不知道该如何运用正确的方式取得成功，那么，他很有可能走上错误的道路。这些错误之道包括懒散懈怠、虚度光阴、患神经病、犯罪自杀等。孩子总是能够找到理由为自己走上错误之路做辩解。

“孩子最喜欢的科目是科学。他只喜欢与比自己年幼的孩子交往。”

我们知道孩子之所以愿意与比自己年幼的孩子交往，是因为他能获得一种更轻松自在的感觉，这些孩子更容易掌控一些，这也是为了表现自己的优越感，希望成为其他孩子的领袖。如果孩子喜欢与比他年幼的孩子交往，那么，我们就会怀疑他怀有这样的目的。当然情况也并不只是如此，还有一些时候，他们可能想要表达他的父性。不过，这种情况同样存在问题。因为孩子父性的表达会排斥他与比他年长孩子的交往。他会有意识地采取这种回避行为。

“他喜欢的运动是足球和垒球。”

我们可以假设，他肯定很擅长这两个体育项目。或许我们听说这个孩子在某些方面表现很突出，但是除去这些方面，他对其他事情丝毫提不起兴趣。这意味着，在他有把握获得成功的方面，他才愿意尝试。反之，他就会拒绝参与。这当然不是一种正确的行为方式。

“他喜欢玩纸牌。”

这意味着他在消磨时间。

“他将精力全都放在纸牌上，这也使他不会按时睡觉和做作业。”

这也是孩子的父母对他不满意的原因，这些抱怨毫无二致：他不专心于学业，只会胡乱地消磨时间。

“孩子在婴儿时期发展缓慢，直到他两岁以后才开始迅速发展。”

我们不清楚他为什么在两岁前发育迟缓。这或许是因为孩子受到了溺爱。我们知道，被过分宠爱的孩子会表现得不想说话、不愿走路，这也致使他身体机能发展缓慢，因为他的一切都有人提前帮他打理好了，因而也就没有了发育的刺激。他后来发育迅速的解释就是，在此期间他获得了发育成长的刺激。正是因为这种刺激很强烈，才促使他成了一个聪明的孩子。

“他最显著的性格特征就是诚实和固执。”

仅仅知道他有诚实的性格特点是远远不够的。毋庸置疑，诚实是一种美德。不过，如果他利用自己诚实的性格特征去批评责备别人，那么诚实在他那里就成了自我炫耀的工具。我们知道他喜欢支配别人，想成为领导人物，这样说来诚实就很可能成了他追求优越感的一种表达。我们不能断定，在情况对他十分不利的情况下，他是否还能保持诚实的品德。至于他固执的性格特征，我们可以发现他喜欢按自己的意愿行动，喜欢标新立异，喜欢显示自己的与众不同。

“他经常欺负他的小弟弟。”

我们的判断与这一陈述是一致的。他想成为领袖，但是他的弟弟不愿意顺从他，因此他会欺负弟弟。这种举动不是诚实的表现。如果你深入了解他，你会发现他甚至可以说是一个喜欢说谎的人。他喜欢吹嘘、炫耀自己，以此来显示自己的优越感。不过，他表现的其实是一种优越情结。这种优越情结能够清晰地显示他的内心正承受着自卑感的折磨。由于别人对他的评价过高，他不堪重负，从而会贬低自己。当他过分贬低自己时，他又会通过吹嘘自己的方式寻求补偿。

因此，对孩子盛赞过誉实不可取，因为这会使他觉得别人对他给予厚望。当他发现要达到别人的期望非常困难的时候，他就会惊慌失措，于是通过其他途径来掩饰自己的虚弱，例如，欺负他的弟弟。这就是他的生活方式，他觉得自己能力不足并且缺乏自信，他无法解决那些难题。因此，他便沉溺于打牌。当他忙于打牌的时候，就没有人发现他不足的地方。即使他的成绩糟糕，他的父母也会解释说，他把时间都浪费在打牌上了，怎么可能成绩优异。这样一来，他就保全了自己的骄傲之心和虚荣之心。渐渐地，他自己也开始这么解释：“没错，我就是因为喜欢打牌才成绩不好的，如果我能改掉打牌的习惯，我将取得更加优秀的成绩。但我实在是太喜欢打牌了。”这样，他便感觉满足，因为他安慰自己，他可以变成成绩优秀的学生。

如果孩子对自己的这种心理逻辑一无所知，他就会沉溺在这种自我安慰之中，把自己的自卑情结藏匿起来，既不让别人发现，也不让自己知道。如果他坚持这么做，他就始终不会有进步。除非我们用友好的方式让他了解自己性格的根源，并且告诉他，他的实际行为恰恰显示出他是一个无法完成任务的人，他把精力都花费在掩饰自己的弱点和自卑上面。我们在进行这一切时，必须态度友好，并且不断地给予他们鼓励。我们不应该总是赞扬他智商高，这种称赞会成为一种负担，使他的心里产生畏惧而远离成功。我们非常清楚，智商在我们的一生中并不起着决定性的作用。在实验心理学家看来，智商仅仅显示的是当时测试的情况而已。生活是错综复杂的，一个测试并不能证明什么。高智商的孩子也并不意味着他能解决生活中遇到的所有困难。

这个孩子的真正问题在于他的自卑感以及缺乏社会意识。对于这一点，我们有必要向他解释清楚。

案例四

这个案例的主角是个8岁半的孩子，它向我们说明，孩子是如何被宠坏的。罪犯和神经病患者主要来自这一类从小受到溺爱的孩子。

我们的时代亟待解决的问题就是，停止溺爱孩子。这并不意味着我们不再爱他们，而是说不要溺爱、纵容他们。我们应该视他们为地位平等的朋友。这个案例很有价值，因为它向我们展示了被宠坏的孩子的性格特征。

“这个孩子目前的问题是，他每个年级都要重读一次，而他现在才读二年级。”

一个孩子刚刚上学就要重读，我们不得不怀疑他的智力有问题。在分析这个案例时，我们要考虑到这种可能性。但如果是孩子起初成绩很好，后来才出现问题，那么我们就可以排除他有智力障碍的可能性了。

“他总是用婴儿的方式说话。”

他希望得到家人的宠爱，他之所以模仿婴儿的说话方式，是为了心中的目标，他一定觉得模仿婴儿能给他带来好处。这种理性的判断恰恰说明了他的智商没有问题。他讨厌上学，也没有得到应对学校生活的训练。他没有按照学校的规定和制度来发展，而是选择通过敌视所处的环境来表达他的追求。这种敌视态度的结果就是他在每个年级都要重读。

“他并不服从自己的哥哥，并且和哥哥发生激烈的争斗。”

由此可以看出，对他来讲，哥哥是一个障碍。我们可以想象，哥哥是个好孩子。他和哥哥竞争的唯一手段就是表现恶劣。当然，在梦中他会想象，如果他还是个婴儿，他就可以超过哥哥。

“他一年零十个月才学会走路。”

他可能患过佝偻病。如果他在一年零十个月都没有学会走路，那么有可能是因为他受到了过多的监护与重视。在这期间，他的母亲和他形影不离。他越是不会走路，他的母亲就越会对他看护有加，更加溺爱他。

“他很早就学会了说话。”

这就证明，这个孩子的智力没有问题。因为智障儿童的表现之一就是说话困难。

“他说话总像个婴儿。他的父亲总是温柔亲切地对待他。”

这说明他的父亲也很溺爱他。

“他更喜欢母亲。他所在的家庭有两个孩子。据母亲反映，他的哥哥非常聪明，他们兄弟两个经常发生争斗。”

在很多家庭里，孩子之间都存在争斗，尤其是在家庭的最年长的两个孩子之间。然而，任何生活在一起的两个孩子之间都会存在争斗。它源于这样一个事实，当第二个孩子出生时，第一个孩子的优越地位就会被剥夺。只有培养孩子的合作精神，才能避免出现激烈争斗的情形。

“他算术不好。”

对于那些被宠坏的孩子来说，算术是他们在学校任务中最大的困难。因为算术涉及某种社会逻辑，而社会逻辑正是那些被宠坏的孩子所欠缺的。

“他的大脑一定有些问题。”

我们没有发现这种情况，他的所作所为都能找到合理的解释。

“他的母亲和教师认为他有手淫行为。”

他有可能这么做。不过，许多孩子都会手淫。

“他的母亲说，他有黑眼圈。”

我们不能根据“他有黑眼圈”就推论他有手淫行为，虽然这是人们的通常想法。

“他对食物很挑剔。”

这表明他总想引起母亲的关注，甚至在吃饭方面也是这样。

“他害怕黑暗。”

这是孩子受到溺爱最常见的表现。

“他的母亲说他有很多朋友。”

我们认为，这些朋友都是他能够支配的人。

“他对音乐很感兴趣。”

细致地考察一下热爱音乐的人的耳朵轮廓，我们就会发现，热爱音乐的人的外耳曲线发育得更好。在检查这个孩子的耳形之后，我们发现他有精致敏感的外耳。听觉敏感表现为喜欢和谐的声音，具有敏感听觉的人更适合接受音乐教育。

“他喜欢唱歌，但患有耳疾。”

这种人一般很难忍受我们生活中的噪音，他们比一般人更容易患上耳疾。听觉器官的构造是遗传的，这也是音乐天赋和耳疾会遗传的原因。这个孩子深受耳疾的困扰，他的家族确实在音乐上都很有天赋。

要帮助这个男孩首先要做的就是，锻炼他独立自主的能力。如今，他还并不独立，他觉得母亲会为他打点好一切，永远都不会离开他。他想得到母亲的庇护，当然，他的母亲也乐于这么做。但是现在，我们要做的是，鼓励孩子自由地去做他喜欢做的事，哪怕是犯了错误。因为只有这样，他才能学会独立自主。他还要学会不能因为争夺母亲的喜爱而和哥哥争斗。当他们两个都感觉自己得到了母亲更多的喜爱，他们就不会产生嫉妒心理了。

还有一点值得关注，必须让孩子勇敢地正视学校生活中的问题。

试想一下，如果他无法继续学习，那么将会出现什么情况？一旦脱离学校，他就会转向对社会无用的方面。他可能会开始逃学，甚至干脆不去学校。然后离家出走，和社会上行为恶劣的人交往。

防患于未然总是没有错的，帮助孩子适应学校生活总比以后对付一个社会问题少年要好得多。学校只是一个重要的测试环境，这个孩子没有得到过足够的训练应对学校生活，他也缺乏社会合作意识，这也是他在学校遭遇困难的真正原因。对此，学校应该帮助孩子重拾信心与勇气，当然学校也有自己的难处，可能因为班级人数过多，也可能教师缺乏激发学生内心勇气的准备。如果孩子能够遇到一个能给他勇气的教师，那么这个孩子就会得到拯救。

案例五

这个案例的主角是一个10岁的小女孩。

“由于她在算术和拼写方面有困难，学校介绍她来我们诊所接受指导和治疗。”

算术对一个被宠坏的孩子来讲是一个困难的科目。这并不是说，一个被宠坏的孩子绝对拙于计算。但是根据我们的经验，情况通常如此。

左撇子在拼写方面通常会感觉吃力，因为他们已经养成从右向左阅读的习惯了。他们能够正确地阅读和书写，但是方向却是相反的。人们通常不会注意到这一点。

人们知道左撇子有阅读拼写障碍，但他们只是轻描淡写地说，孩子在这方面经常出现差错。我们由此推测，这个女孩可能是个左撇子。但也有可能是别的原因造成了她拼写困难。如果是在纽约，我们还要考虑她可能是来自其他国家的移民，因此对英语不是很熟悉。

“她以往的生活有个重要的经历：在德国，她的家庭发生了经济变故。”

我们不知道她的家庭是何时从德国移民的。也许这个女孩曾经有过一段快乐的时光，但是如今已经不复存在了。新环境就像一种测试，在这里能够看出她是否受到过与人合作的训练，是否为适应新环境做好了准备，是否具备足够的勇气，是否能够承受经济窘迫的重负。换句话说，她是否学会了在生活中与人合作。从目前的情况来看，她在与人合作方面能力有所欠缺。

“她在德国时学习成绩还不错，她8岁的时候离开了德国。”

这是两年前的事。

“她在美国的学校学习成绩不怎么好，因为她在拼写上有困难，而且美国学校教授算术的方法也与之前不同。”

教师并不总能照顾到学生类似的问题。

“母亲非常宠爱她，她也十分依赖母亲。她对父母是一样的喜欢。”

如果你询问孩子：“你更喜欢你的父亲还是你的母亲？”他们一般会回答说：“我都喜欢！”这种答案是他们受教导的结果。有很多方法可以检验这个问题的回答，其中一个好办法就是让孩子坐到父母的中间，当我们和父母谈话时，孩子的脸会不自觉转向她更喜欢的人的一方。同样的，当孩子走进父母的房间时，她会下意识地走到她更喜欢的人那里去。

“她有一些和她年纪相仿的女朋友，但是不算多。在她早期的记忆里，在她8岁的时候，她与父母住在乡下，她常常和小狗在草地上玩耍。那时她家还有一辆马车。”

她对曾经富足的生活记忆犹新。这就像一个破产的富人，总是回忆他过去拥有的汽车、马匹、仆人和漂亮的房子一样。女孩对自己的现状并不满意，这种情况我们完全可以理解。

“她常常梦到圣诞节，梦到圣诞老人送给她的各种礼物。”

她的梦反映了她在现实生活中的心愿。她总是渴望得到更多东西，因为她觉得自己被夺走了很多东西。她想重新拥有曾经的一切。

“她常常依偎在母亲身边。”

这是一种失去勇气的表现，也可能是因为她在学校遭遇了困难。我们告诉她，尽管她比其他孩子遇到了更多困难，但是只要她肯努力，她依然可以在学业上取得更大进步。

“她再次来到诊所，他的父母没有陪她一同前来，她是自己独自来的。她的学习取得了很大的进步。在家里，她也能独自完成自己的事情。”

我们曾经建议她争取独立，不要依赖她的母亲，要学会独自处理自己的事情。

“她为她的父亲做早餐。”

这是培养合作感的一种表现。

“她觉得自己更加富有勇气了，她和我们谈话时能够更加从容自在。”

我们要求她下次和她的母亲一起到诊所来。

“她和母亲一起来到了诊所，这是她母亲第一次到访。母亲的工作一直很忙，抽不出时间。我们从她母亲那里得知，这个女孩并不是她亲生的，而是领养的，被领养时孩子2岁，但女孩对此毫不知情。在她出生的前两年，她先后辗转被送到过六户人家。”

女孩的过去并不美好，她在生命最初的两年经历了太多的磨难。这个女孩曾经被人遗弃，后来才得到悉心照料。她很想紧紧抓住目前这种良好的处境，这可能是她对早期所遭受的不幸的一种无意识的印象，那两年的遭遇对她来说太刻骨铭心了。

“当这个母亲要领养这个女孩的时候，有人建议她严格管教这个孩子，因为女孩的出身家庭很糟。”

给出这个建议的人深受遗传学说的毒害。如果母亲真的对女孩严格管教，但她还是出现了问题，这个人就会辩解说：“你看，我说得对吧！”然而他们不知道的是，他们的这种看法对孩子成为问题儿童负有很大责任。

“女孩的生母是个坏女人，这更让养母觉得自己责任重大，因为女孩不是他的亲生女儿。这也促使她有时会对孩子实施体罚。”

对女孩来说，她现在处境艰难。养母对她的溺爱有时会突然终止，取而代之的是严厉惩罚。

“养父溺爱这个孩子，几乎满足她的所有要求。在她的母亲那里，如果她想得到某种东西，她不会说‘请求’或者‘谢谢’，而是说‘你不是我的母亲’。”

出现这种情况有两种可能，要么是女孩知道事情的真相，要么是她懂得说什么才能一击要害。曾有一个20岁的男生觉得自己不是母亲亲生的，他的养父母发誓说，从来没有人将真相告诉过孩子。这只是这个男生的感觉。孩子总是能从很细小的状况中得到有关自己的秘密。虽然养母觉得案例中的女孩不可能得知真相，然而，女孩可能对事情的真相有所察觉。

“不过，这个女孩只对母亲而不是父亲说这样的话。”

因为她没有机会攻击父亲，父亲总是满足他的所有要求。

“她的母亲不能理解孩子在新学校的行为变化。女孩的成绩忽然变差了，母亲便会对她实施体罚。”

成绩一落千丈已经使女孩非常羞愧懊恼了，回到家后还要遭受母亲的体罚，这实在是雪上加霜。成绩糟糕和母亲的体罚，其中任何一种情况对女孩来说都糟糕至极。

“她有时候会情绪失控，忽然大发脾气。她在学校有时会情绪激动，暴躁难耐，因此扰乱课堂秩序。她觉得自己永远都应该处于第一位。”

女孩的这种欲望其实很容易理解。她是家里的独子，她已经习惯了从父亲那里得到她想要的一切。她希望永远处于第一位也不难理解，她曾经拥有过富足的生活，当这一切被剥夺以后，她追求优越感的欲望就更强烈了。但是她没有找到追求优越感的正确渠道，所以，她总是给别人制造麻烦。

我们告诉女孩，她必须学会与别人合作。她表现得激动亢奋是为了引人注意，她大发脾气也是为了成为别人关注的焦点。她的母亲对她的成绩不满意，她为了反抗会故意不好好学习。

“她经常梦到圣诞老人给她带了许多礼物，但当她醒过来以后，却发现自己一无所有。”

她总是唤起自己曾经拥有一切的情绪，但是清醒以后却发现自己一无所有。我们不要轻视这里蕴藏的危险。如果我们在梦中唤起这种情绪，而醒来时却发现是一场梦，我们自然会感到失望。但睡梦中引起的感觉是和现实中相对应的。

也就是说，女孩做这个梦的目的不是唤起那种拥有一切的感觉，而是要体会失落的情绪。她做这种梦就是为了达到这样的目的，即体验一种失落感。很多患有抑郁症的人都会有类似的美好梦境，梦醒之后却发现一切截然相反。我们能够理解女孩为什么会想持续地感觉到失望情绪。她觉得自己前途黯淡，于是就想把一切归咎于自己的母亲。她觉得自己一无所有，而她的母亲什么都不满足她（“她还常常体罚我，只有父亲才满足我的要求”）。

下面对这个案例进行一下总结。女孩总是在追求一种失落感，并且将这一切都归咎于她的母亲。这实际上是对母亲的一种反抗。

如果我们想要制止她，就应该明确地意识到，无论是在家中、在梦中，还是在学校，她的所有行为都基于相同的错误模式。她之所以会形成这种错误的思维模式，是因为她在美国待的时间太短了，她无法熟练地掌握英语。

我们应该让她相信，这些困难不算什么，都是可以通过努力轻易克服的，她不应该将这些困难作为对付母亲的武器。

我们还应该说服母亲不要用体罚的方式教育孩子，这样她就找不到任何反抗的理由了。我们应该让孩子知道，“我上课无法集中注意力、情绪失控、乱发脾气的行为表现，实际上是为了给母亲制造麻烦”。如果她能认识到这一点，她就会停止自己的恶劣行为。在她不能清晰地认识到自己的所作所为背后蕴含的深刻含义时，想要让她有所改变，几乎不可能。

这样，我们就能清楚心理学的目的了，其目的就在于了解一个人应该怎样运用自己的印象和经验。换言之，心理学试图了解孩子的整套知觉系统，它了解孩子应对刺激会做出怎样的反应；了解孩子如何看待受到的刺激；了解孩子如何利用环境来实现自己的目标。